本书受到以下项目的资助：青岛市哲学社会科学规〔...〕术制造业集群创新能力研究"（项目编号：QDSK〔...〕规划项目"数字经济下山东省高技术制造业集群〔...〕22CGLJ14）。

经管文库·管理类
前沿·学术·经典

数字经济下青岛市高技术制造业集群创新能力研究

THE INNOVATION CAPABILITY OF
QINGDAO'S HIGH-TECH MANUFACTURING
IN A DIGITAL ECONOMY

孙小强　王燕妮　王玉梅　王　静　著

经济管理出版社
ECONOMY & MANAGEMENT PUBLISHING HOUSE

图书在版编目（CIP）数据

数字经济下青岛市高技术制造业集群创新能力研究/孙小强等著.—北京：经济管理出版社，2023.3
ISBN 978-7-5096-9046-8

Ⅰ.①数…　Ⅱ.①孙…　Ⅲ.①制造工业—产业发展—研究—青岛　Ⅳ.①F426.4

中国国家版本馆 CIP 数据核字（2023）第 091698 号

组稿编辑：王　洋
责任编辑：王　洋
责任印制：许　艳
责任校对：蔡晓臻

出版发行：经济管理出版社
　　　　　（北京市海淀区北蜂窝 8 号中雅大厦 A 座 11 层　100038）
网　　址：www.E-mp.com.cn
电　　话：（010）51915602
印　　刷：唐山玺诚印务有限公司
经　　销：新华书店
开　　本：720mm×1000mm/16
印　　张：12.25
字　　数：210 千字
版　　次：2023 年 3 月第 1 版　　2023 年 3 月第 1 次印刷
书　　号：ISBN 978-7-5096-9046-8
定　　价：88.00 元

·版权所有　翻印必究·
凡购本社图书，如有印装错误，由本社发行部负责调换。
联系地址：北京市海淀区北蜂窝 8 号中雅大厦 11 层
电话：（010）68022974　　邮编：100038

前 言

新时期,高技术制造业发展面临外部压制升级、内部创新瓶颈、新型经济萌发等复杂发展背景,后发国家在高技术制造业创新过程中,面临诸多的创新问题。数字经济发展为解决高技术制造业创新问题提供了新的方式方法。本书在对相关研究主体的文献进行计量、总结、分析后,发现数字经济与制造业集群创新之间联系密切,众多方向皆有研究成果,而关于模块化带来的创新问题研究较少。因此首先,本书在充分辨析数字经济、产业集群创新、模块化等相关概念以及理论基础后,分析后发国家高技术制造业的创新动因,以现实问题为研究依据,指出在我国高技术制造业产业链上,模块化陷阱具体体现为低端锁定——"富士康化"和分工缺失——华为"断芯",借鉴日美追赶式创新的历史教训与我国半导体创突围的经验,得出"联合创新"和"差异化需求"可以成为后发国家高技术制造业突围的路径,并且可以借助于集群的协同创新体得以实现。其次,针对模块化所带来的企业模块化陷阱、行业进入门槛高、产业链上下游锁定、后发国家创新基础薄弱等问题,构建数字经济下的高技术制造业集群突破模块化陷阱的系统动力学流图,从中提取各个系统间要素之间的主要影响路径。再次,结合 2015~2020 年我国高技术制造业的省际数据,从知识吸收能力、技术独占能力、载体孵化能力、区域联结能力四个方面建立指标体系评价我国高技术制造业集群的创新能力,为剖析各个集群创新模式的差异性，选取我国比较具有代表性的长三角、珠三角、京津冀高技术制造业集群作为个案分析对象，结合高新技术产业园区的经纬度以及空间分布，利用熵值法、区位熵以及引力模型深入分析其创新能力与创新联系强度。研究结果显示：总体来说，在这三大高技术制造业集群中，创新能力为长三角集群>珠三角集群>京津冀集群，三者之间的创新能力差距在不同程度地逐年拉大，贡献比重为知识吸收能力>技术独占能力>载体孵化能力>区域联结能力，但是三大集群均存在不同程度的极化现象；分集群来说，长三角制造业集群形成以上海为中心的大核带动苏州—宁波为小核的辐射创新模式，珠三角集群形成江门—佛山双核心的协同创新模式，京津冀形成以北京为单核的网络创新模式，长三角集群与珠三角集群的发展都存在明显的外向性，京津冀集群存在明显的中心导向性，三者集群内部的区域辐射、产业链协同能力都需要进一步提升。最后，在总结三大集群的创新能力与模式后，根据现存的不足与短板，从促进内部知识吸收、提升高端技术积累、加强载体孵化以及完善区域网络等方面提出了相应的对策与建议。

目　录

第一章　绪论 ……………………………………………………………… 1

　　一、研究背景及意义 ……………………………………………… 1

　　二、研究方法 ……………………………………………………… 5

　　三、研究内容以及路线 …………………………………………… 6

　　四、相关文献综述 ………………………………………………… 9

　　五、本章小结 ……………………………………………………… 38

第二章　相关概念和理论基础 …………………………………………… 39

　　一、数字经济的相关概念以及理论基础 ………………………… 39

　　二、高技术制造业集群创新的相关概念以及理论基础 ………… 43

　　三、制造业模块化的相关概念以及理论 ………………………… 52

　　四、本章小结 ……………………………………………………… 60

第三章　后发国家的制造业创新陷阱及现实依据 ……………………… 61

　　一、后发国家高技术制造业创新分析 …………………………… 61

　　二、后发国家制造业模块化陷阱——富士康化 ………………… 68

三、日美产业赶超式创新的历史发展借鉴·· 72

四、案例研究：中国半导体行业的突围之路·· 76

五、本章小结·· 79

第四章　数字经济下青岛市高技术制造业集群创新机理与路径分析········ 80

一、数字经济下青岛市高技术制造业集群创新机理分析·············· 80

二、数字经济下青岛市高技术制造业集群演化趋势······················· 84

三、数字经济下青岛市高技术制造业集群创新路径······················· 87

四、本章小结·· 90

第五章　数字经济下高技术制造业集群创新能力评价······················· 92

一、数字经济下的高技术制造业集群创新能力评价指标体系构建······ 92

二、数字经济下的高技术制造业集群创新能力评价过程·················· 98

三、本章小结·· 114

第六章　青岛市高技术制造业集群创新现状分析····························· 116

一、青岛市产业创新集聚，优化空间布局······································ 117

二、青岛市高端制造领域形成"智造"优势····································· 118

三、青岛市两化融合促进制造业高端化升级·································· 119

四、生产服务业成为青岛市高技术制造业高质量发展的保障·········· 119

五、工业互联网日趋完善，赋能青岛市集群创新发展······················· 120

六、青岛市高技术制造业集群创新问题分析··································· 122

第七章　数字经济下青岛市高技术制造业集群创新能力提升对策········ 127

一、全国高技术产业集群创新能力提升经验总结及对策借鉴·········· 127

二、青岛市高技术制造业集群创新能力提升对策···························· 134

第八章 结论与展望 ·· 144

一、研究结论 ·· 144

二、研究展望 ·· 146

参考文献 ·· 147

附录一 ·· 168

附录二 ·· 173

第一章　绪论

一、研究背景及意义

（一）研究背景

2023年2月,《经济日报》发文提出,目前高技术制造业重点领域投资力度加大,加速推动高技术产业转型升级。国家统计局数据显示,2022年,规模以上高技术制造业和装备制造业增加值分别比上年增长7.4%和5.6%,分别高于全部规模以上工业增加值增速3.8个和2个百分点。2020年11月14日习近平总书记在全面推动长江经济带发展座谈会上提到:"要强化企业创新主体地位,打造有国际竞争力的高技术制造业集群,打造自主可控、安全高效并为全国服务的产业链供应链。"国际经济合作与发展组织（OECD）的相关统计数据显示,组织内部的相关国家对于科研创新的经费投入占据总GDP的23%左右,且高技术产业部门的创新投入占据主导地位,未来世界各国会越来越重视知识和技术的积累。根据国家统计局公布的《数字经济及其核心产业统计分类（2021）》和国家 2017 年公布的高技术产业（制造业）《国民经济行业分类》（GB/T 4754-2017），高技术制造业是指国民经济行业中 R&D 投入强度（即 R&D 经费支出占主营业务收入的比重）相对较高的制造业行业，包括医药制造，航空、航天器及设备制造，电子及通信设备制造，计算机及办公设备制造，医疗仪器设备及仪器仪表制造，信息化学品制造六大类。在国家核心产业发展的过程中，高技术制造业是我国"卡脖子"的重灾区，在进出口贸易中遭受到层层的技术壁垒，使国家和企业经济遭受损失。同时，企业在走出去的过程中遇阻，必然会将经营重心放回国内，反而使国内市场面临强竞争的局面。高技术制造业集群的协同可以有效弥补产业链的创新短板，可以成为高新技术制造业发展一个重要的着力点，进而提升产业整体的核心竞争力，以应对国际发展格局下的科技战问题，激发产业集群创新的效率，提升产业集群的发展质量。

近年来，数字经济发展水平和效率的提升成为拉动经济发展的强驱动力，同时也成为倒逼产业结构升级和企业数字化转型的外生性压力，数字经济在我国的行业渗透率和经济贡献度持续提升。2015 年我国提出国家大数据战略，2017 年党的十九大强调基础应用研究，2019 年推动数字乡村、数字政府建设，2020 年工信部提出推动工业互联网建设、赋能中小企业数字化转型，致力于推动数字经济高质量发展，数字经济成为支持国家战略发展的重要支撑点之一。协调推动数字产业化、产业数字化、数字化治理、数据价值化，深刻挖掘数据这一要素的价值。数字经济作为我国经济发展的新业态，数字技术可以与高技术制造业集群进行有效结合，高技术产业集群可借助于数字经济的相关手段和技术激发自己的新优势，从而提升创新质量和路径。而我国各地区高技术产业集群的资源禀赋和发展基础存在一定的差异，未来路径选择也存在不同，数字经济会对高技术制造业集群创新产生如何的影响呢？我国高技术制造业集群在发展路径上存在何种差异呢？发现路径差异并解决这些问题有助于协助高技术产业集群提升创新质量和效率，突破现有的发展瓶颈，寻找未来新发展模式下的方向和着力点，提升决策研究的针对性，谨防未来发展的风险。华为作为中国半导体行业的领军企业，在芯片设计方面取得突出成就，而在芯片制造方面被台积电这个代工厂"卡脖子"；作为苹果的代工厂——富士康等"果链"企业，虽然在产业下游获得比较丰厚的利润，但是成为可以被轻易替代的代工厂。台积电和富士康同样作为代工工厂，为何拥有截然不同的境遇？产业链模块化和集成化这两个发展趋势究竟是谁在高技术产业发展的过程中具有显著优势，模块化的生产运作方式是否是被"卡脖子"的陷阱之一？如果是，产业链模块化陷阱之局如何突破？企业经过长时间的自我创新，可以在供应链的某一端将能力提升到极致，但是要提升产业整体的竞争力，仍需要全方位地突破。

（二）研究意义

1. 理论意义

目前针对高技术制造业的创新问题存在广泛的研究，但是其要破除的问题的针对性以及路径还需要深入、广泛地研究与讨论，本书从中国现阶段的现实问题出发，具有以下的研究特色：

（1）本书利用 Citespace 对于高技术制造业集群创新的相关文献进行可视化研究，利用知识谱图进行分析，清晰掌握国内外研究的热点、重点及不足，发现国外对于高技术制造业集群研究热度逐年上升，无明显的突出热点，而国内的研究存在一定的政策导向性，为相关研究起到了一定的补充。

（2）在产业集群创新的理论框架之下，对于模块化的概念以及危害进行综合、提炼，本书提及的模块化陷阱并非仅是生产流程的分散，还有下游核心企业面临再集成的脆弱性以及复杂模块化带来的知识管理模糊，目前已有的研究对于模块化多维角度考虑并不多，本书有助于进一步厘清模块化陷阱的概念。

（3）针对高技术制造业存在的创新问题，利用系统动力学的知识建立因果流图，剖析各个要素之间的影响机理，探究克服创新问题的路径，并从知识吸收、技术独占、载体孵化、区域联结四个方面建立指标体系，为评价高技术制造业集群的创新能力丰富了视角。

2. 实践意义

目前，针对高技术制造业创新的问题研究较多，这是由高技术制造业在国家经济中的战略地位决定的，既有发达国家的历史背景和成果不可复制，也有新的经济发展形势带来的新挑战。以我国高技术制造业实践为基础，数字经济为研究背景，更能产生积极的现实意义。

（1）针对高技术制造业政策的实际案例上，以近40年日美的贸易摩擦为实际分析资料，借鉴双方在产业创新政策上的历史教训和经验，可以为产业政策研究者提供一定的思考，以中国现在所处的实际发展情况和具有中国特色的创新路径为参考，把中国高技术制造业遭遇的创新陷阱作为出发点，分析其突围路径和创新经验，减少未来发展路径的陷阱，也可以启迪其他国际上的后发国家，提供高技术制造业创新的借鉴。

（2）针对我国高新技术产业集群的研究比较丰富，但是将数字经济与我国高新技术产业相结合的还是比较少，新兴技术以及新的发展手段与高技术制造业集群的有机结合，可以成为我国产业转型和地区经济高质量发展的强有力手段，成为集群创新和产业协同的新型驱动力，借本书为相关研究进一步丰富内容和研究思路。

（3）研究模块化下的中小企业的立足点以及如何提升模块化分工中的抗集成能力，产业集群的知识溢出和模块带来的知识隔离是为互斥，产业链条的耦合与脱钩是为互斥，将模块化陷阱带来的知识隔离机制的破除放到集群内部的产业链进行解决，并且借助于新技术手段进行处理，有利于丰富相关的研究视角。

二、研究方法

(一) 文献研究法

本书的研究建立在国内外的文献资料,包括专著、期刊论文、学位论文、官方网站等的基础上,通过阅读、分析其他学者的研究成果,剖析高技术制造业创新的国外发展经验和创新策略,对所研究问题的历史由来、形成原因以及先发国家的应对策略有更加清晰的认知,进一步明确研究的主题和范围,提升问题研究的针对性,为分析高技术制造产业集群创新能力提供理论依据。

(二) 实证研究法

在研究模块化陷阱带来的影响之后,分析数字经济对于高制造业集群创新的影响机理与促进作用,收集2016~2020年高技术制造业和高新产业园区的数据,建立4个维度的指标体系,利用熵值法评价各个集群的创新能力,利用引力模型测度各个地区之间的创新引力、利用核密度分析集群创新能力的分布,从时间、空间两个维度研究我国高技术制造业集群的创新能力。

(三) 个案研究法

本书将以台积电和富士康两个案例为索引,分析在半导体产业中模块化所带来的"创新陷阱"以及背后的影响逻辑。这两个实际案例,是在我国现有产业发展阶段的典型现象,也在侧面反映出我国制造业创新所存在的问题。在高技术制造业突围的路径研究方面,以华为、台积电、芯恩作为分析对象,吸收借鉴经验,探究未来的创新路径。此外,在进行高技术制造业集群创新研究时，差异化地分析我国长三角、珠三角、京津冀的创新能力与创新模式，从而提升研究的针对性和准确性。

三、研究内容以及路线

（一）研究内容

基于问题意识出发，以华为和富士康为问题切入点，分析得出模块化这一现实问题的危害与实际影响机理。借鉴日本的产业创新教训和中国本土企业的创新路径，将数字经济解决方案与高技术制造业创新难题结合起来。以高技术制造业集群为研究对象，构建数字经济背景下的高技术制造业创新综合指标体系。在分析我国31个省份（不包括港澳台）高技术制造业集群的创新能力后，就高技术产业创新水平较高的集聚地区进行具体分析，选取了长三角高技术制造业集群、珠三角高技术制造业集群、京津冀高技术制造业集群，将各个产业集群之间的创新能力与模式差异进行深入剖析，全书大体分为以下八章：

第一章是绪论，在这一部分中，将阐述当前研究背景、研究意义、研究内容以及研究路线，对国内外相关领域文献进行梳理分析，获得该领域的研究重点、研究趋势及现有研究的不足，为后文研究提供参考。

第二章是关于理论的分析，具体包含两个方面：一是廓清基础概念，基础概念包括数字经济、模块化以及知识隔离机制的相关概念；二是高技术制造业集群以及产业集群创新的相关理论。

第三章是后发国家的创新实践分析，首先，分析后发国家进行产业创新的动因以及相应产业政策推行对于国家内部的影响。其次，以富士康化作为案例，分析后发国家承接国际产业转移的一种典型陷阱，阐述其实现的条件以及对于产业发展的弊端。最后，剖析日美产业摩擦和日本产业创新的历史经验教训，并以中国半导体产业的实际发展，分析华为被"卡脖子"的原因、台积电的逆袭以及芯恩的联合创新模式。

第四章是关于数字经济对于高技术制造业的影响机理，包括三个方面：一是数字经济如何影响高技术产业进行创新；二是数字经济如何促进高技术产业集群演化；三是数字经济促进高技术制造业集群提升创新能力的路径分析。

第五章是数字经济下的高技术制造业集群创新能力测度，根据模块化带来的知识隔离机制，借鉴已有的后发创新路径和我国的创新经验，从四个方面建立指标体系，为下文测度我国高技术制造业集群创新能力提供框架，并且选取长三角、珠三角、京津冀三个典型案例，利用熵值法和引力模型分析我国高技术产业集群的创新差异、空间演变以及创新路径。

第六章是对青岛市高技术制造业集群创新现状进行分析，从空间布局、两化融合、智能制造、工业互联网发展等方面探讨青岛市高技术集群创新发展优势。并从创新主体、创新环境体系、外围支撑体系方面发现高技术制造业存在的现有问题。

第七章是针对青岛市高技术制造业集群创新的现存问题，提出相应改进措施，通过高技术制造业集群创新能力评价的实证研究，构建高技术制造业集群数字化创新优化路径，加速数字化创新驱动高技术制造业转型战略，实现技术链升级、价值链升级和产业链升级，推动经济高质量发展和构建新发展格局。

第八章是结论。本章对全书的研究结果进行归纳总结，指出本书研究的局限性，同时对该领域未来研究趋势进行展望。

（二）研究路线

从问题意识出发，本书研究的逻辑框架如图1-1所示：

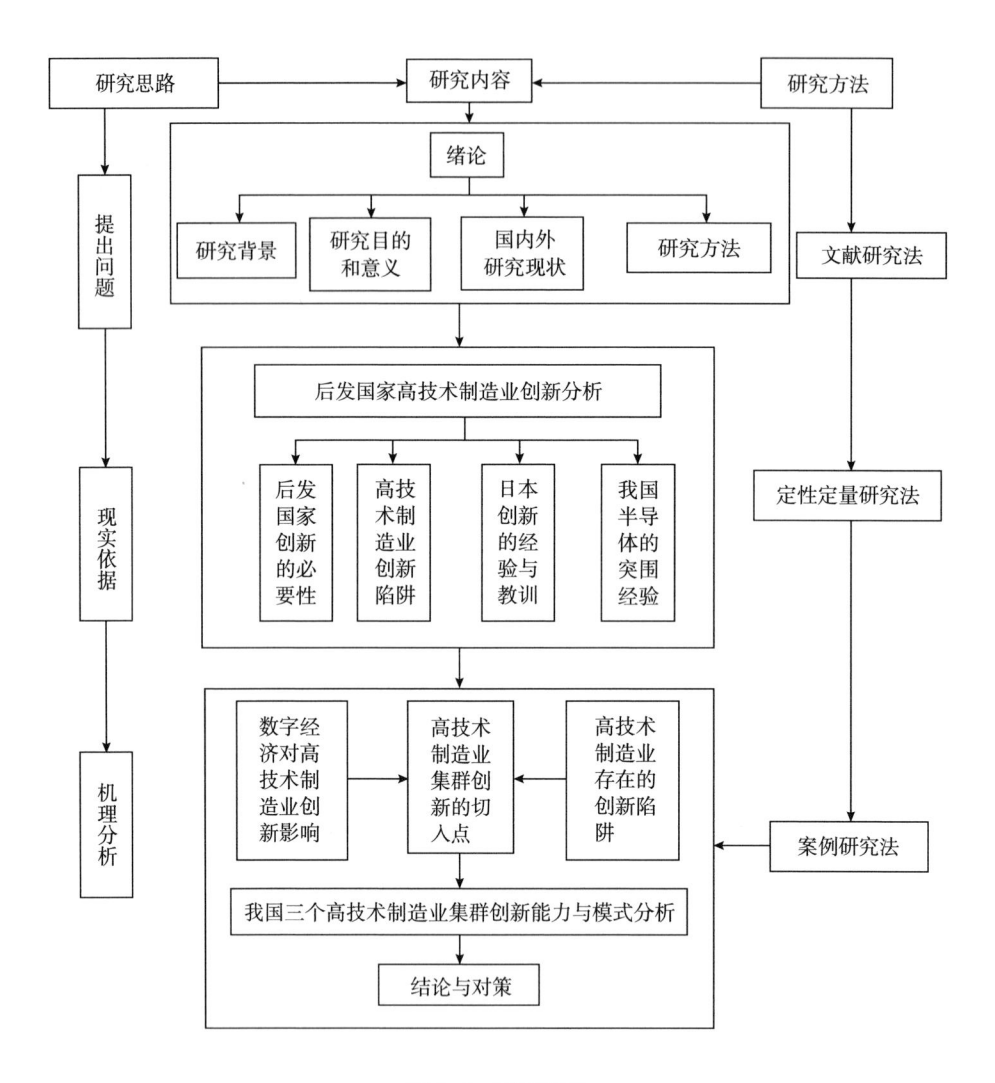

图 1-1 研究路线

四、相关文献综述

有关数字经济研究背景下的高技术制造业集群创新能力比较文献较少，因此，本书将高技术制造业集群创新的相关文献进行分类归纳，大致分为三个部分：一是高技术制造业集群的相关文献综述，分析国内外对于产业集群创新研究的侧重点以及不足，研究的时间脉络以及研究方向；二是数字经济与产业集群创新能力的相关文献综述，主要涉及数字经济这种新的技术手段对于产业集群创新能力的影响；三是模块化对于制造业创新的影响，主要从正面影响和负面影响两个方面进行分析。

（一）关于高技术制造业集群的研究

1. 国内高技术制造业集群文献研究

以 CNKI 数据库为文献来源，以"高技术制造业集群"并含"数字经济"为主题，检索出的期刊文献数量为 0，这说明相关学者在此方面的研究较少。而以"高技术制造业集群"为主题，在无发表时间和期刊类型限制的条件下，共检索出 618 篇文献。为提升研究的准确性和质量，将期刊类型定义为 EI+核心+CSSCI，检索时间段为 2002~2020 年，共筛选出 217 篇期刊论文。为保证文献计量的样本量充足，以 618 篇作为文献分析对象。

（1）国内"高技术制造业集群"研究领域发文量。

2002~2022 年，有关高技术制造业方面的研究文献，发文数量呈现出倒"U"形，具体数量如图 1-2 所示。在 2008 年，中美贸易摩擦事件的白热化将高技术产业的研究推上高潮，发文数量达到顶峰，单个年份发文数量为 53 篇，自此之后，发文数量逐年降低。高技术制造业集群的文献研究热度与国家政策以及时代背景息息相关，中文发文数量的起伏具有很强的政策导向性。近年来，高技术制造业集群的发文量逐步减少，热度有所衰退。

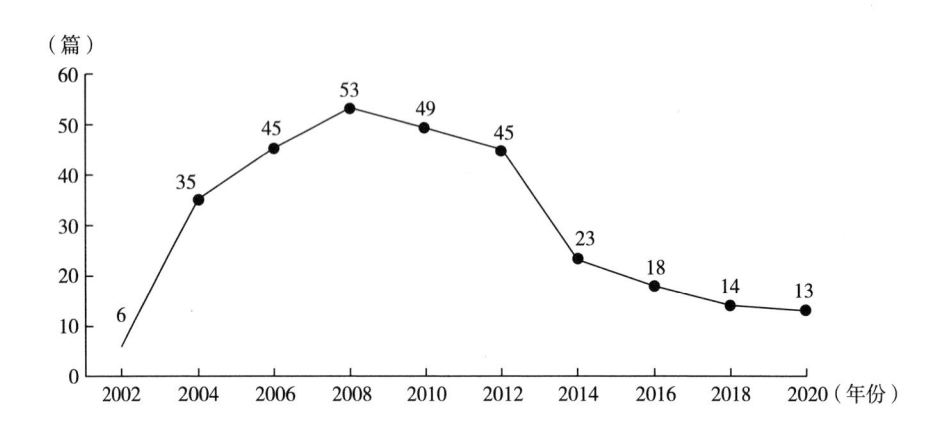

图1-2 国内"高技术制造业集群"研究领域文献数量

（2）国内"高技术制造业集群"研究领域高频被引文献分析。

如表1-1所示，在高技术制造业研究的国际视角，盖文启等（2004）参考美国硅谷、印度班加罗尔以及英国剑桥工业区的创新路径和发展经验，分析其高技术产业集群的共性特征和差异性，提出人才、文化环境、聚集效应以及衍生能力是集群发展的动因，但是区域内部科研院所的实力并不等于高技术制造业发展实力，具有强外部联系的集群才是提升创新能力的关键。王铮等（2005）分析了高技术产业发生空间集聚的地理现象的动因，区位因子包括人力资本、知识环境、气候环境和商贸环境。在建立数据量化模型后，验证了产业、资本、人口是集群基本组成的部分，人力资本、气候适宜对高技术产业聚集区的形成起决定作用，而交通便捷性、供应链环境、营商环境成为高技术产业聚集的辅助作用。颜克益等（2010）基于产业集聚理论视角，利用省际面板数据，对中国高技术产业创新绩效的影响因素进行了实证分析，结果证明产业的集聚对于提升产业集群创新具有非常正向的刺激作用，尤其是隐性知识的溢出和吸收能力，集群创新水平的提高是低位企业向高位企业学习以及高位企业将外部知识内部化的共同结果，但是对于如何吸收和管理隐性知识未给出明显的路径，高低位置的企业之间存在相互作用的结果，表现为挤压作用和拉伸作用，集群内部同样存在"模块陷阱"和技术循环。

表1-1 国内"高技术制造业集群"研究领域高频被引文献

序号	文献名	作者	被引次数	期刊名称
1	国际典型高技术产业集群的比较分析与经验启示	盖文启，张辉，吕文栋	265	《中国软科学》
2	高技术产业聚集区形成的区位因子分析	王铮，毛可晶，刘筱，赵晶媛，谢书玲	156	《地理学报》
3	高技术产业集群创新路径与机理实证研究	朱秀梅	130	《中国工业经济》
4	基于全球价值链的高新技术产业集群转型升级	任家华，王成璋	110	《科学学与科学技术管理》
5	政府在高技术产业集群中的作用——以深圳为例	刘筱，王铮，赵晶媛	107	《科研管理》
6	产业集聚视角下高技术产业创新绩效影响因素研究——基于中国省际面板数据（1998~2007）的研究	颜克益，芮明杰，巫景飞	107	《经济与管理研究》
7	基于高技术产业集群的知识溢出传导机制研究	朱秀梅，蔡莉，张危宁	106	《工业技术经济》

从典型的高被引文献中，可以看出主要的三个高技术制造业集群研究方向：一是通过从不同侧重点以及视角建立评价准则（指标体系），对产业集群的能力（创新能力、竞争力、生态能力）进行评价，从而分析其中的主要贡献者以及驱动因素；二是基于我国高技术制造业发展的各种现实问题，从高技术制造业的历史发展材料中进行归纳，在横向维度比较国外高技术制造业集群以及国内各个制造业集群的发展经验与教训，从而为我国高技术制造业集群的发展提供建议；三是关于高技术制造业集群创新与知识要素之间的

研究，包括两者之间是否存在影响关系，创新过程中的知识溢出、知识整合、知识网络等。

(3) 国内"高技术制造业集群"研究领域聚类分析。

将"高技术制造业集群"研究领域有关的文献进行聚类分析，Citespace给出 15 个聚类分析词（见表 1-2），涉及高技术制造业集群发展各个阶段的各类要素，包括国家政策、国际导向、分析方法、发展重点、研究热点，高技术制造业的政策管理、企业发展、发展环境等方面。高技术制造业本身具有较高的技术壁垒，企业存在较大的发展限制，包括公司的融资、技术构成以及管理等问题，因此，政府注重产业政策和创新政策的落实，将金融帮扶等产业政策扶持放在突出位置，加强与生产性服务业的融合，保障其成长环境。同时，基于后发国家发展基础薄弱、存在创新瓶颈等劣势，积极倡导引进外资和技术，鼓励高新企业走出去，提升出口总额，提升国际竞争力。针对高技术制造业集群研究方法，学者越来越注重数据的量化分析和差异化研究，利用投入产出等方法测度其创新效率，并且结合具体的案例分析，包括北京经济技术开发区等案例。关于高技术制造业集群的发展也是研究的重点方向，包括建立经济示范创新区、产业园区等。这些关键词显示了我国高技术制造业的发展趋势与重点。

表 1-2　国内"高技术制造业集群"研究领域聚类分析

序号	聚类词	具体关键词
1	制造业	生产性服务业；投入产出法；投入产出分析；东北地区；出口增长；产业结构；绿色经济体系；策略路径；企业法人；法人单位
2	增速比	高技术制造业；稳中有进；合理区间；国民经济运行；基础设施投资；同比增长；消费品零售额；基础设施投资；利润增长；《高技术产业发展"十一五"规划》
3	吸收外资	同比增长；吸收外资；商务部外资司；国家医保局；操作建议；高技术制造业；国内生产总值；居民消费价格；第三产业增加值；国民经济

续表

序号	聚类词	具体关键词
4	大兴区	高技术制造业；北京经济技术开发区；创新驱动；绿色北京；生产性服务业；战略性新兴产业；空港产业园；彩虹集团；生物医药产业；"两个大局"
5	利润总额	高技术制造业；利润总额；垃圾焚烧发电；长江证券；智能传感器；产能过剩；工业增加值；新旧动能转换；工业经济；主营业务收入
6	出口比重	制造业出口；动态变化；企业技术改造；整体优势；竞争力指数；工业增长；高新技术；国家发展改革委；产品出口额
7	中国	高技术制造业；景气指数；定量研究；出口增长；政策建议；国际比较；出口贸易；技术结构分布
8	建筑业	商业模式创新；工业企业；服务业企业；高技术制造业；激励措施；发展模式；区域创新；商业模式创新
9	产业	产业转型；人才需求；技术创新；实体经济；高质量发展
10	出口总额	科技创新能力；发明专利；高技术制造业；综合竞争力；世界经济论坛；主要经济指标；数据分析；创新型科技园区；国家高新区；发明专利
11	创新效率	创新效率；产业融合；高技术服务业；装备制造业；数据包络分析；高技术制造业；产业政策；断点回归；数据包络分析；政府引导
12	发展路线	区县经济；战略性新兴产业；中关村国家自主创新示范区；高端产业；文化创意产业集聚区；优化升级；休闲旅游；现代产业体系；综合经济实力；产业规划；高技术制造业；稳中求进；发展路线图；临空经济区
13	产业经济	产业经济；稳中向好；亮点和问题
14	金融助力	政策建议；金融服务；贷款增长；信贷需求；分析预测；经济形势
15	创新政策	创新型国家；工业增加值；高技术制造业；创新型企业；人居环境；科技进步贡献率；粤港澳大湾区；交通通道；经济带；创新平台；科技创新能力；专利申请量；国家自主创新示范区

(4) 国内"高技术制造业集群"研究热点关键词分析。

"高技术制造业集群"热点关键词知识图谱如图1-3所示。

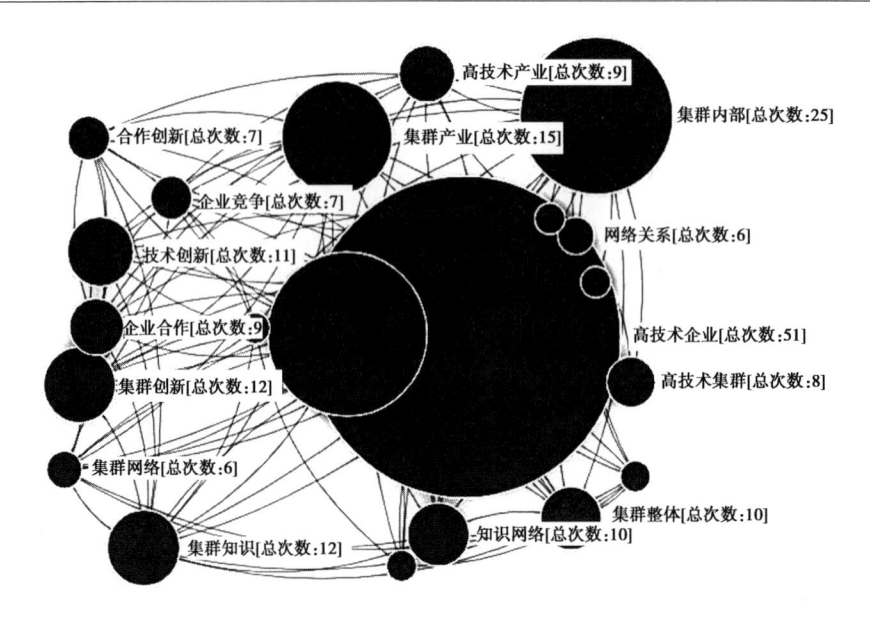

图 1-3 "高技术制造业集群"热点关键词知识图谱

(5) 国内"高技术制造业集群"研究领域突增性关键词分析。

从图 1-4 可以看出,2000~2012 年,"技术溢出"关键词的研究持续 13 年,高技术制造业集群的技术溢出、知识扩散是研究的热点;2001~2010 年,对于"高技术"关键词的研究持续 10 年,在原有制造业集群的基础上,突出"高技术"的优先发展地位和重要性;2010~2012 年,"大兴区"关键词的研究持续 3 年,2011~2013 年,"北京市"作为关键词的研究持续 3 年,这两者成为研究的重要区域,北京市依托于中关村等高科技中心以及高等院校的人才成为研究的热点,也是高技术制造业集群研究的典型案例;2014~2016 年,"数据分析"成为高技术制造业的热点研究方法,对于高技术制造业的量化研究成为新的研究趋势,数字经济的发展优势逐步凸显;2017~2019 年,"增速比"成为文献研究的重要衡量指标和高频热点词,伴随我国经济的高速发展,高技术制造业发展速度显著提升;2017~2018 年,"吸收外资"的研究持续两年,高技术制造业对于资金和人才的需求巨大,"吸引外资"成为解决高技术制造业资金缺口、技术缺口、管理经验缺口问题的重要途径；2017~2019年，对于高技术制造业的外资"实际使用"成为国家统计局以及工信部的重点关注对象。

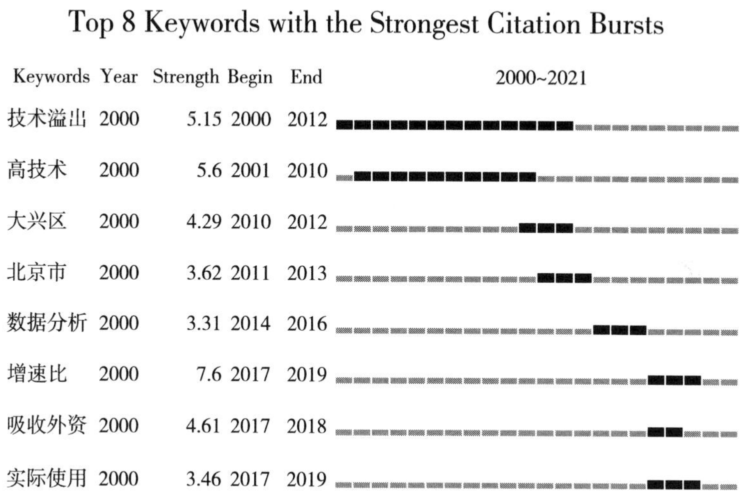

Top 8 Keywords with the Strongest Citation Bursts

Keywords	Year	Strength	Begin	End	2000~2021
技术溢出	2000	5.15	2000	2012	
高技术	2000	5.6	2001	2010	
大兴区	2000	4.29	2010	2012	
北京市	2000	3.62	2011	2013	
数据分析	2000	3.31	2014	2016	
增速比	2000	7.6	2017	2019	
吸收外资	2000	4.61	2017	2018	
实际使用	2000	3.46	2017	2019	

图1-4 "高技术制造业集群"突增性关键词知识图谱

综上所述，对于"高技术制造业集群"国内研究领域文献进行分析，学者们从不同角度对于高技术制造业进行了分析，在研究方法方面，出现多样化的研究层次，包括实证研究、指标评价、理论剖析；在研究视角方面，大致分为国际比较视角、区域差异化视角、未来发展优势视角、服务业与制造业协同视角等；在研究的侧重点方面，对于经济价值的研究力度远超于人文价值。而"高技术制造业集群"的发展以制造业为基础，突出高技术的地位与突出优势，并在发展的过程中，不断辐射带动服务业、装备制造业的转型升级，具有产业关联以及辐射带动作用，因此高技术制造业的研究成果带有很大的发散性，其中聚集性这一典型特征成为集群研究的高频方向。高技术制造业的发展与我国经济发展的宏观环境高度相关，其高人才、高资金的消耗也成为其发展过程中的突出属性，众多的研究成果属于问题导向型的，关于长时间的历史脉络的总结文献还是比较少。

2. 国外高技术制造业集群文献计量研究

以"High-tech manufacturing cluster"为关键词进行检索，由于英文文献的作者发文关键词运用差异化很大，利用"High-tech cluster""High-tech industrial cluster"等进行扩展搜索，最终得到2000~2020年2406篇核心期刊文献，从而进行可视化分析。

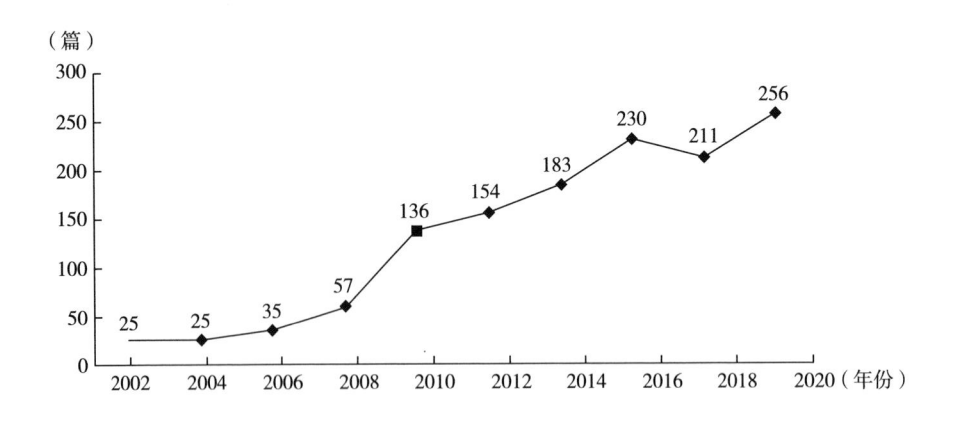

（1）国外"High-tech manufacturing cluster"研究领域发文量分析。

以Web of Science为文献检索数据库，以"High-tech manufacturing cluster"为关键词，对于其中的核心期刊进行检索，为方便与中文进行对照，对2000~2020年的外文发文数量进行分析。2002~2006年，国外对于高技术制造业集群的研究处于平稳的增加阶段；2010~2016年，有关论文的发文量处于急速增长的阶段；而从2016~2020年，一直处于平稳的高发文量状态，具体如图1-5所示。

图1-5 "High-tech manufacturing cluster"研究领域发文量

(2) 国外"High-tech manufacturing cluster"研究领域高频被引文献分析。

从国外关于"High-tech manufacturing cluster"研究领域的高频被引文献来看，Zandiatashbar等（2022）认为尽管高科技集群在地方规划实践和研究中发挥了主要作用，但它们的位置和微观层次的部门类型很少得到研究，因此作者使用美国的 52 个区域行业数据衡量其市场集中度，发现在产业集群内部存在多个核心，伴随着产业服务机构，但不是劳动密集型的，在地理空间上的存在形式多样，产业集群的选址基本受到技术服务、法律服务以及工程技术服务的影响。Chandrashekar（2018）为探究产业集群创新的关键因素，以分层抽样的方式进行企业数据的调查，利用 MLR 技术确定吸收能力对集群内外联系影响和集群内外联系对企业创新绩效的影响。值得注意的是，与集群型企业相比，外部企业的子公司表现出优异的创新绩效。Ludovic（2012）从经济地理学角度出发，将创新概念化为一种集体行动。然而，关于集群的文献往往将集体层面简化为基于各种形式（市场、组织、社会、机构或认知）协调的地方和区域组织之间的知识流通。证据表明，集群作为一个集体实体拥有代理权，并且由于反射性协调，可以为开放式创新作出贡献，包括在集群生命周期的早期阶段寻求创新的伙伴关系。在 Web of Science 中的高频被引文献，比较均匀地分布在战略管理、物流管理、财务管理等各个研究方向，并且研究对象以从事单一行业的企业为主，作者研究的切入视角比较微观和基础（见表 1-3）。

表 1-3 "High-tech manufacturing cluster"研究领域高频被引文献

序号	文献名称	作者	被引次数（次）	期刊名称
1	Towards a Theory of Competitive Progression: Evidence from High-tech Manufacturing	Rosenzweig E D and Roth A V	186	Production and Operations Management

续表

序号	文献名称	作者	被引次数（次）	期刊名称
2	Measuring Business Performance in the High-tech Manufacturing Industry: A Case Study of Taiwan's Large-sized TFT-LCD Panel Companies	Tseng F M, Chiu Y J and Chen J S	89	Omega-International Journal of Management Science
3	Sustainability Development in High-tech Manufacturing Firms in Hong Kong: Motivators and Readiness	Law K M Y and Gunasekaran A	62	International Journal of Production Economics
4	Are There Really High-tech Clusters? The Geographic Concentration of German Manufacturing Industries and Its Determinants	Alecke B, Alsleben C and Untiedt G	62	Annals of Regional Science
5	Environment, Network Interactions and Innovation Performance of Industrial Clusters	Yan Z, Wen Z, Stefan H and Wim V	51	Journal of Evolutionary Economics
6	Collaborative and Collective: Reflexive Co-ordination and the Dynamics of Open Innovation in the Digital Industry Clusters of the Paris Region	Ludovic Halbert	51	Urban Studies

研究方向主要总结为三个方面：一是国外研究者同样注重高技术集群区位选择影响因素，但是注重于知识配套和技术服务的影响；二是注重高技术制造业集群演化过程，但是区别于国内的起步阶段，已存在较多文献研究其衰落阶段；三是强调产业集群的内外部联系对于自身能力的影响，包括创新价值、知识吸收、知识共享、创新网络。

（3）国外"High-tech manufacturing"研究领域聚类分析。

将"High-tech manufacturing cluster"研究领域有关的文献进行聚类分析，Citespace给出9个聚类分析词，涉及该高技术制造业发展每个阶段的要素，包括行业发展、企业绩效、分析方法、发展重点、创新水平、发展的可持续性以及所依靠的高技术。高技术制造业对于生产、研发的精度要求比较高，数字算法、数据分析等分析工具在学者研究的过程中被重视；部分高技术制造业存在环境污染等问题，生态环境的可持续性在所有发文量当中占据不小的比例，更多的国外学者从高技术制造业生产能力等微观研究角度进行创新活动的分析（见表1-4）。

表1-4 "High-tech manufacturing cluster"研究领域聚类词

序号	聚类词	主要关键词
1	agglomeration	Technology; industry; external; acquisition; investment manufacturing; enterprises; flexibility; cost-reduction;
2	high-tech	manufacturing; innovation; industry; trade; network high-tech; firm; spatial; agglomeration; relocation
3	Industrial development	fuzzy; balanced; scorecard; measurement; non-additive supplier; hierarchy; software; multi-criteria; decision
4	Manufacturing planning	overall; effectiveness; resource; wafer; total service; growth; intensive; district; contextual
5	performance	city; developmental; brand; pathways; ecological performance; firms; government; transition; incentive
6	innovation	innovation; firm; firms; patents; growth productivity; model; dynamic; structural; choice
7	growth	knowledge; creation; goal-free; culture; goal-driven product; scheduling; integrated; project; lifecycle
8	capacity	technology; external; acquisition; exploitation; venture planning; change; engineering; capacity; printing
9	sustainability	environment and public health; economic development; industrial development; socioeconomic factors; asthma; chronic obstructive pulmonary disease

（4）国外"High-tech manufacturing cluster"研究热点关键词分析。

从国外有关"High-tech manufacturing cluster"研究领域来看，相比于国内的关键词研究热点，国外对于高技术制造业研究的集中性更弱，各个研究热点均匀分散在各个研究的侧重点上，国内对于高技术制造业的研究政策导向性更强，国外对于高技术的研究主要以"firm"为研究对象，对于高技术制造业的研究从performance（绩效）、innovation（创新）、management（管理）、productivity（生产力）、knowledge（知识）、stragety（战略）方面均衡发力，未形成巨大的研究热点（见图1-6）。

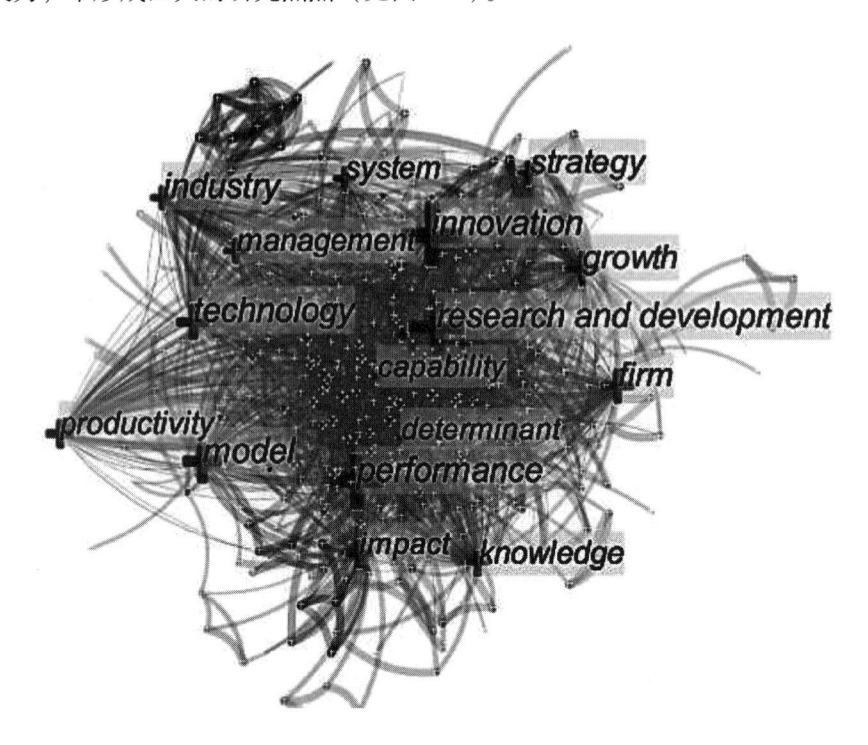

图1-6 "High-tech manufacturing cluster"研究热点关键词分析

(5) 国外"High-tech manufacturing cluster"研究突增性关键词分析。

从图1-7可以看出，对于"system"的研究从2008年持续到2010年，持续时间为3年，研究倾向于整体流程的优化和系统的完善；对于"empirical analysis"的研究从2013年持续到2017年，持续时间为5年，实证研究成为高技术制造业的热点研究方法；对于"manufacturing firm"的研究从2016年持续到2018年，持续时间为3年，在高技术制造业集群的过程中，制造型企业成为研究的重要对象；对于"high tech"的研究从2017年持续到2020年，持续时间为4年，高技术是高技术制造业发展的核心技术；对于"panel data"的研究从2018年持续到2020年，持续时间为3年，面板数据使学者能够更好地分析各项数据在时间序列和截面两个维度的发展规律。

Top 5 Keywords with the Strongest Citation Bursts

Keywords	Year	Strength	Begin	End	2000~2020
system	2000	3.65	2008	2010	
empirical analysis	2000	3.16	2013	2017	
manufacturing firm	2000	5.23	2016	2018	
high tech	2000	3.2	2017	2020	
panel data	2000	3.3	2018	2020	

图1-7 "High-tech manufacturing cluster" 突增性关键词知识分析图谱

（二）关于制造业产业集群创新的研究

关于"制造业集群创新"的研究热点除"制造业"这个主题外，集中于"产业链""智能制造""创新链""产业转型升级"等方面（见图1-8），结合本书的研究以及相关文献的总结，从制造业集群创新的生态视角、聚集效应、创新政策进行文献综述。

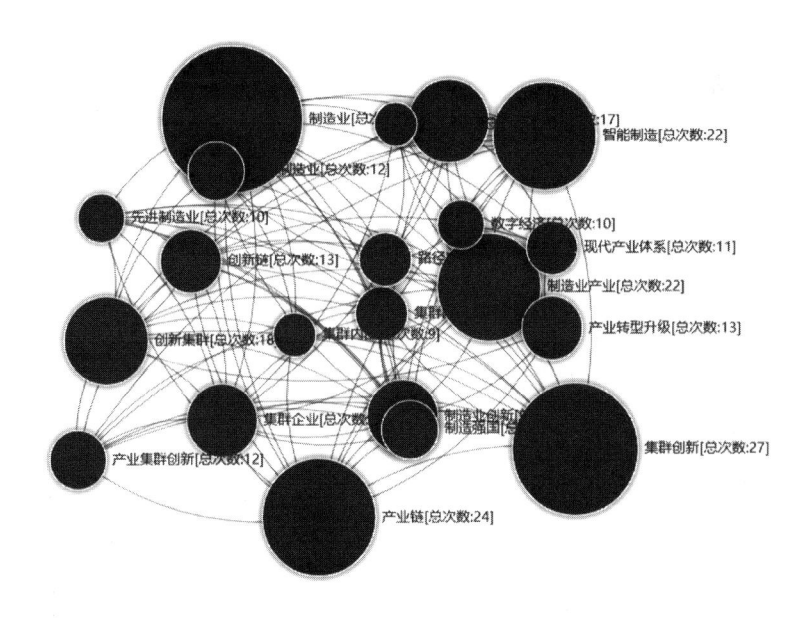

图1-8 "制造业集群创新"热点关键词知识图谱

1. 制造业产业集群创新的生态研究

欧光军等（2018）运用生态学的种族群落来类比产业集群的结构，建立指标体系从而进行测度，结果发现，高新区集群的创新生态能力较弱，并且存在极化现象。Ye 等（2021）基于知识学习和创新模式研究枢纽企业和网络成员对集群升级的影响进行研究发现，枢纽企业对集群演化存在知识交换，可能具有一定的创新能力，但如果集群网络间存在知识吸收问题，枢纽企业虽然可能取得成功，但集群的创新绩效很可能会被减少。核心企业的成功不等于集群的成功，同时，还有学者指出集群内部科研院所的实力不等于集群的科研水平。李洋（2016）基于知识协同方式的不同，提出集群内部的产业链处于知识模块的不同位置，从而决定了其创新驱动力的大小，在替代性、重叠度较高的知识模块，集群内部容易出现"搭便车"现象。互补性知识位着重于整合能力，而辅助型知识位为避免受到外部冲击，应深化自己的模块兼容度和创新宽度。许强、应翔君（2012）从核心企业的视角出发，选择张江生物制药产业集群、中关村电子信息产业集群、柳市低压电器产业集群、顺德家电产业集群 4 个典型案例，研究传统产业集群和高技术产业集群形成的协同创新的差异化程度。从网络成员、网络结构和互动行为进行比较和分析，在产业集群生态协同发展的过程中，纵向联系和横向联系对于创新的辐射范围是不一样的，纵向联系促进了产业上下游之间的协作，横向联系促进了企业与科研院所的交流，并且指出高技术产业集群的创新相比于传统产业集群，往往集中于产业链前端。武晓辉等（2006）以生态生物种群与区域集群内部构成的相似性为研究基础，借鉴生态学中的生物种群的生态位理论，从生态学角度分析区域产业集群规律和特点，认为集群中的生态位可以借助于其对资源的消耗进行观察，产业链的更新、扩张、转移，都会使生态位发生位移。傅羿芳、朱斌（2004）根据产业生态理论，通过对比创新生态系统与自然生态的定义，提出关于高技术产业集群的构成要素，包括创新生态网络、创新生态群落、中介创新群落、内部创新土壤、外部创新环境五个部分。

孙丹、徐辉（2022）认为集群内部的知识的流动可以促进产生知识社区，具体包括知识弥散、应用与传播促进创新网络进一步形成创新生态，在创新生态内部同时存在多种竞争与合作关系，形成多层次、多业态和多边界的知识创新生态系统。Fang和Xiao（2018）结合集群创新网络的基本属性，以集群创新网络研究不同的高校组成，将知识转移过程分为知识外化、知识共享、知识创新、知识内化四个阶段，通过引入显性知识和隐性知识构建知识转移过程模型转换效果机制。根据复杂自适应系统理论，网络连接原理面向大学内部知识势差和显性知识和隐性知识的特征。研究发现，知识外化效率和知识学习能力与网络的一般知识水平呈正相关。在高校集群创新生态的动态演进过程中，出现了明显的小世界网络特征。同时，大学知识水平与集群创新网络拓扑结构存在耦合演化。

综上所述，关于高技术制造业集群创新的生态位研究，以生态系统理论为基础，逐步延伸成为创新生态，这是我国高技术制造业发展的侧面印证。创新生态的研究侧重于产业集群内部组织的成长、壮大与衰落，生态学为集群研究提供了新的视角，包括环境负载容量（集群的可持续性）、种群规模（企业数量）、内在成长机制（集群创新策略）、生命繁衍策略（中小企业孵化）、种群间关系（竞合关系）等多个部分。此类研究主要运用到的方法有社会网络分析法、Logistic模型、Volterra模型等。将产业集群以及组成成分的概念与生态系统相结合、相类比在产业集群创新能力研究的文献中占据非常大的比例，因为产业的发展趋势和演化趋势与自然界生态系统的物种演化具有异曲同工之妙，产业集群内部的中枢企业、中小企业以及与辅助结构在生态系统中可以找到原型。

2. 制造业产业集群创新的聚集效应研究

Tan等（2022）提出确定产业集群以及这些集群的空间表示变化是理解与促进城市和区域发展的基本，也是具有挑战性的问题。然而，当前产业集群的演化特征过于注重空间视角，很少研究从产业联动的角度分析产业集群的演化。针对这一问题，作者基于 1984~2019 年企业调查数据，采用基于自然语义和空间协同聚合的方法，对产业集群的产业联系和空间聚合进行识别，并以珠三角地区电子信息产业集群为例进行实证研究。从结果可以看出，珠三角集群内大部分产业保持稳定，集群内的产业联系和空间集聚正在增强。从整体变化类型看，能够保持高联动—高接近的行业较少，大多数行业主要集中在低联动—高接近，集群内部的经济联系需要进一步加强。Kim 等（2022）指出面临危机的集群可能对各区域的经济状况产生破坏性影响。因此，研究联动如何在产业集群中发挥作用非常重要。通过验证实际模式，用韩国官方产业集群 20 年的数据证明产业集群的生命周期，判别生命路径。研究以韩国数据为代表数据，对 1375 个产业集群进行了分类分析。采用经典的时间序列分解方法计算其生命路径的趋势，按照聚集类型的不同，分为三种类型：马尔默型、硅谷型和底特律型。产业集群的聚集和衰落对周围地区的发展起到了相当重大的作用。He 等（2022）基于演化博弈论，采用开放式创新和制度理论，以产业集群为研究对象，利用组织距离测度高新技术产业集群中企业的地理接近度。在双寡头模型的分析框架内，研究了组织距离和专利许可费对高科技产业集群创新绩效的影响。研究结果表明，外向型开放式创新模式更适合高技术产业集群创新。组织距离与企业的研发溢出效应之间存在重要关系。专利费的增加可以鼓励产业集群采用开放式创新模式，如果它们彼此靠近，则为外向。表明地理上的接近将鼓励企业采取开放式创新输出战略。Hinnerk（2008）指出在加入社交网络时，已经建立良好关系的人往往会成为特别有吸引力的合作伙伴，因为他们可以促进与其他网络成员的连接。但是，增加过多的网络成员可能会造成联系人冗余，削弱这种效果。在剑桥高科技集群的研究中，集中考虑了这两个因素之间的权衡，并将结果与整个剑桥郡进行了比较。正如预期的那样，前者的网络效应更强，但在这两个数据集中，合作伙伴的冗余并不能抵消覆盖面在吸引新合作伙伴方面的好处，产业集群聚集的竞争利大于弊。宓泽锋（2022）从区域创新视角出发,以长三角的新材料产业为分析对象,研究区域创新集群技术创新联系特征,得到如下结论:长三角产业集群内部的扩散效应远小于极化效应,异质性知识与同质性知识具有同等地位,区域内部的聚集呈现出点—轴为特点的地域增长极。

综上所述,高技术制造业集群的聚集效应是产业集群发展的特殊地理现象,产业的发展得益于集群聚集所带来的高频知识交流、广泛信息交换、政策扶持,较近的地理空间距离为产业集群价值传播提供便捷,在地区空间上成长为经济增长极。与集群创新生态不同的是,创新集聚效应关注的是较小地理空间上的高水平发展状态,对于发展质量具有较高的要求。部分学者从不同角度关注聚集的类型、状态以及起因,还有部分学者研究集聚效应对于制造业集群发展的作用,认为聚集效应和区域效应是产业集群产生的起因,集群资源在空间上的聚集同时也引发对于资源合理配置的研究。

3. 制造业产业集群创新的政策研究

Okubo(2022)以日本企业层面的数据研究集群策略,日本的产业集群发展很大程度上依赖银行等金融机构,与东京企业建立扩展网络的集群企业主要由地区银行提供资金,在此基础上扩展了交易范围和创新能力。Yin等(2022)指出高技术企业想要存活首先必须跨过创新的死亡之谷,在技术创新和创新成果转化方面双向努力,以谋求企业的生存空间,产业集群是创新成果扩散的有效组织载体,需探索产业集群中科技成果的转化机制,特别是考虑网络结构和政府补贴对帮助产业集群跨越死亡谷、提高科技成果转化效率的影响。研究发现,政府补贴在创新采用阶段发挥着至关重要的作用,特别是对于高技术创新产业集群。此外,政府补贴效用有采用门槛,当采用率达到一定比例时,应建立合理的退出机制。然而,对于创新能力低的产业集群,政府补贴仍然有效。相反,内部因素在创新扩散阶段起着至关重要的作用,特别是对于上下游密切合作的产业集群。Chou 和 Ching(2011)以中国产业集群为讨论对象,提及国内企业驱动的集群崛起和增长的本地进程,以无锡半导体国内主导集群的崛起和增长为例，指出其成长并不依赖于外国直接投资，而是内部生产要素作用的结果，政府资助的研究机构的技术溢出效应以及国内企业在技术模仿方面的相互竞争和合作，是发展国内主导的集群的重要因素。此外，所有这些要素都存在于区域资产和由国家调解的跨国技术社区的战略耦合中。正是国家调动了地区资产，与海外技术人才进行谈判，以加强全球联系，促进国内领先企业的创业知识吸收。Gil 等（2007）提出虽然风险资本对高科技集群的增长和实力有积极影响，但它也存在重大缺点，如高科技活动的地理分布狭窄和技术多样化狭窄。对几百家以色列高科技公司进行研究，结果表明，虽然风险资本支持的公司成功率较高，但它们的活动更集中在中心地区。相比之下，技术孵化器成功地吸引了边缘地区和不太受欢迎的技术，但它们的成功率很低。最后，研究结果表明，获得风险投资融资的孵化器毕业生的成绩显著改善。

综上所述，对于产业集群创新政策的研究集中于政府对于高技术制造业的政策扶持，政府对于生产要素和发展资源的合理配置有助于高技术制造业的成长，维持其有序竞争状态。但是，也有部分学者认为国家不需要政府实施过度积极的产业政策，产业创新能力的提升是生产要素自我配置的过程。这种研究的实质是政府与市场关系的讨论，关注政策资源与产业发展之间的因果关系。

4. 制造业产业集群创新的知识溢出研究

蔡宁、吴结兵（2005）提出通过组织间的互动实现知识的产生、传递与积累是集群中创新的重要驱动力，网络各个节点和衔接处的创新模式依赖于知识溢出，而隐性知识在创新网络之间的传播途径是集体学习机制。闫华飞（2015）提出创业知识溢出对产业集群发展绩效的影响作用显著，尤其在城市化水平较高的地区。姜磊、季民河（2011）提出城市化、研发投入和市场化均有助于知识的空间溢出，相邻地区的创新产出对周边具有带动作用，存在知识在空间上的溢出现象。杨皎平等（2016）提出集群内企业间知识溢出对集群技术创新绩效具有双向影响，表现为随着知识溢出的增加，集群创新绩效呈倒"U"形变化。魏江、徐蕾（2014）提出知识整合是促进集群企业创新能力提升的重要条件。Cai 等（2011）提出产业集群供应链中的企业选择机制和知识流动机制，绘制了产业集群供应链中知识溢出的过程，分析了企业对产业集群中知识溢出的影响。缪小明、李刚（2006）提出产业集群中的非正式沟通、技术引进和人力资本的流动是产业集群知识溢出的主要方式，而产品流动作用不显著。樊钱涛等（2006）提出知识转移和技术学习对于集群企业在获取外部知识方面存在助益。集群的知识溢出和集群的外部知识获取是相互影响的，集群外部知识获取刺激集群内部的知识溢出过程，但是过度的内部学习可能压抑集群知识自我创新能力。杨蕾、陈先哲（2022）提出高等教育集群的知识溢出效应主要受区域内高等教育发展的资源差异、知识吸收能力和溢出距离等因素的影响。

综上所述，在众多研究者的成果中，皆认同知识溢出与产业集群创新存在强相关关系，知识溢出是产业集群内部知识转移的一个重要特点，知识溢出的类型涉及集群内部各部分的知识溢出、集群与外部组织的知识溢出，也就是集群的横向知识溢出与纵向知识溢出。将外部知识内化吸收的方式、途径也是集群避免技术锁定的重要研究方向，过度重视外部知识的引入，可能造成自身创新能力的下降。知识溢出的效果受到集群内部人员、企业合作方式、企业衍生方式等因素的影响，知识溢出方向不是线性的，逐步衍生成为创新网络。

（三）关于数字经济与制造业创新的研究

关于"数字经济与制造业创新"的主题文献的研究热点关键词集中在"制造强国""产业链""技术创新""数字技术""赋能""创新效率"等方面（见图 1-9），结合本书的研究主体，主要从以下方面进行文献综述：

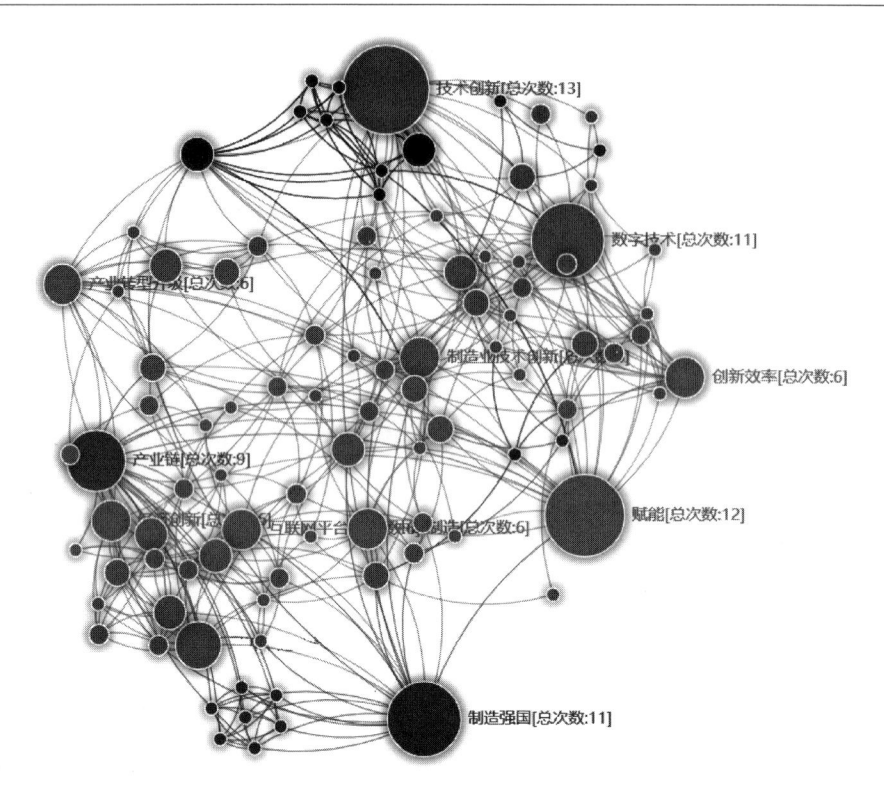

图1-9 "数字经济与制造业创新"热点关键词知识图谱

1. 数字经济与制造业创新之间的关系

焦勇（2020）认为数字经济可以赋能制造业转型，表现在价值创造、满足个性化用户体验、企业互利共生等方面。沈运红、黄桁（2020）探索进行传统制造业产业结构优化升级的影响因素，发现数字技术对于提升创新科研水平存在时滞性，但是发挥的积极影响最大。赵西三（2017）提出数字经济促进制造业转型主要体现在提升制造链效率、扩展服务空间等方面，促进制造业价值链走上中高端。曹正勇（2018）提出数字经济有望促进创新生态的形成，新模式主要表现在智能制造、平台化协同制造等方面，工业人才、安全保障、技术设备是重点突破点。何文彬（2020）指出数字化投入对于不同产业产生的影响效果是不同的，在高知识密集制造业部门产生的刺激作用更为明显，尤其是注重研究力度的部门。Zhang等（2020）提出数字经济对制造业结构转型具有明显的正向作用，尤其在我国的中部地区更为突出。Han和Zhang（2022）基于我国制造业当前的粗放型发展模式，指出数字经济下的商业模式创新是制造业企业绿色发展的根本手段。王德辉、吴子昂（2020）指出数字经济核心产业具有高技术密集性的特点，数字技术可以重新塑造传统产业的创新模式、盈利模式、生产模式、组织模式、服务模式等，主要作用机制为提升制造业环节的附加值、实现定制化服务以及重构管理方式。Wang等（2022）提出通过总结大数据优势，实现大数据驱动城市开发区产业集群管理优化研究，有助于制造业识别自己的创新问题，及时发展自身的管理问题与创新短板。陈倩（2020）提出工业及数字产业集聚水平的提高有利于更好发挥跨境电商政策支持效果，数字经济可以通过线上消费模式刺激制造业升级。Konstantinos（2021）提出在模拟模块化生产系统的过程中，采用数据驱动的数字孪生系统，可以为设计工程师提供设计决策依据，模块化生产系统与数字系统的结合，可以更为有效地控制误差，提升生产系统的精准度。Liu等（2022）提出数字经济与传统制造业的相互渗透，可以推动传统制造业数字化转型，促进产业系统之间的动态交互，数字化转型也可为制造业转型提供科学判断和有效决策的精准依据。

综上所述，数字经济作为新的发展手段，诸多学者认为其可以为传统制造业转型升级提供助力，具体表现在识别现有管理问题、精准把控生产质量、升级商业模式、促进研发创新等多个方面。

2. 数字经济驱动制造业创新的研究

曾可昕、张小蒂（2021）提出集群的外部经济是竞争力的来源，集群低端锁定的问题可以借助于数字商务等数字化转型手段进行破解。数字商务所形成的数字创新网络可以促进马歇尔外部经济来源拓展，促进知识等创新要素溢出。余东华、李云汉（2021）提出数字化技术与制造产业链的耦合可以促进企业生态位的改变、加快组织结构调整以及改变发展环境，增强产业组织的环境适应能力。Zhang等（2022）基于数字经济和创新网络的角度，提出创新网络中心性对制造业集群发挥的效果更为明显，但是创新网络的强度和密度发挥的作用比较小，数字经济可以有效赋能资源利用。戚聿东等（2022）认为知识研究和技术标准对产业创新的作用主要表现为提升创新效率并且实现创新扩散，达到技术范式的一致期望，在产品生产质量和性能方面进一步形成行业标准。董华、江珍珍（2018）提出制造业服务化转型的数字化悖论，主要原因是服务数字化过程中的组织创新跟不上服务化战略的现实要求。王象路等（2023）基于悖论理论视角，剖析数字化悖论背后的逻辑问题，认为数字化悖论不是阶段性的，而是全局性的，体现在组织变革的启动、培育、发展、共生等任一阶段。

综上所述，数字经济作为一种新的发展业态，对于制造业创新的确发挥了积极作用，包括组织管理、文化传播、生产效率等方面。但是也有部分学者提出数字化悖论，数字化悖论大致有两种：一是数字化转型的收益无法覆盖成本，新的发展模式存在适用性、成熟性问题；二是数字鸿沟拉大，在产业发展过程中容易形成"马太效应"。此外，数字经济对于制造业创新发展存在理想模型难以落地、国内资本投资短视、需求端难以拉动等问题。

（四）关于模块化与制造业创新的研究

自中华人民共和国成立以来，以农业为主的产业结构逐步过渡到以纺织为主的轻工业，以后再过渡到以钢铁、煤炭等重工业，产业结构初步建立后，已有的钢材和电力为新兴产业发展奠定了发展基础，以汽车、电脑为代表的机械产业和电子产业逐步发展起来，依附于新产业的生产属性，零部件多、小、复杂的特点，为提升生产效率和质量，模块化的生产组织方式应运发展，此时的模块化产业模式顺应了我国产业变革的趋势，极大地提升了生产效率与价值积累，在学术界相关领域的研究逐步增多，发文量也逐步提升。其他国家在相似的产业发展阶段，基于不同国家产业发展特色，分别在美国孕育了福特主义，在日本诞生了丰田主义。

模块化的演化形式并不是一成不变的，而是逐步演进的，涉及古典型模块化、丰田式模块化、硅谷型模块化。现有的模块化虽然没有详细分类，但是从研究框架来看，生产系统的模块化研究占据主流，以生产模块化为开始，逐步衍生了组织模块化、知识模块化等，研究视角逐步完善。如图1-10所示，"模块化与制造业创新"相关文献的热点关键词主要集中于"模块化产品""产品模块化""模块化组织"等方面，根据本书的研究视角将相关研究进行总结，针对模块化与创新关系的研究主要集中于两个方面：

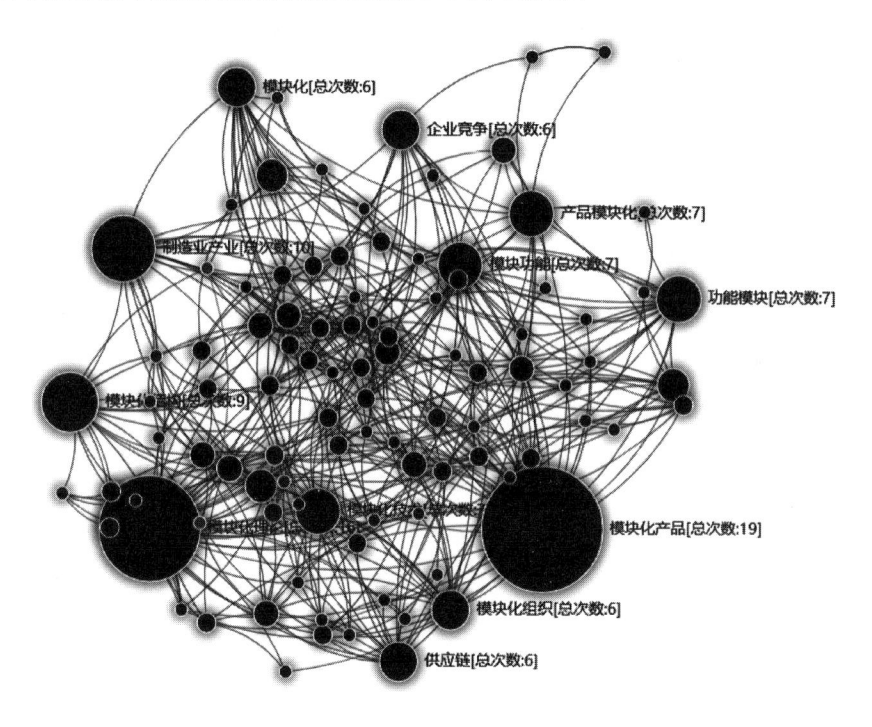

图1-10 "模块化与制造业创新"热点关键词知识图谱

1. 关于模块化对于创新风险的分散

模块化方式对于资源配置具有有效性，这种有效性体现在产业竞争力和创新绩效方面。陈柳（2005）分析了模块化的形式并不是一成不变的，而是逐步演进的，涉及古典型模块化、丰田式模块化、硅谷型模块化。模块化发展趋势下的研发系统，有助于产业中的创新系统分散市场接受风险、持续研发风险以及研发资金短缺风险，高技术产品的创新风险会因为模块化的子系统产生而被分割，降低高技术产品的研发风险。吴晓波（2021）以半导体行业的台积电为分析对象，探究其在追赶战略中的创新路径，台积电将芯片产业链的晶圆代工视为着力点，通过商业模式创新的分工体系重构为其"半导体"突围之路提供了显著优势，即使不包揽全芯片产业链的流程，也成功分得市场的一杯羹。Shin和Choi（2006）提出模块化可以缩短新产品的推出时间，在产品复杂性不高的情况下，简单的管理系统可以掌握操作负荷，但是过于复杂且要求高的生产系统采用模块化的生产方案，可以大大降低经济负荷。在创建和集成医学知识系统时，认为集成化的知识图谱方案比较复杂且硬件难以响应，由此提出模块化的知识图谱复用方法，将原有复杂的系统方案转化为轻便的模型运行，极大地提升了方案的可行性和效率，Nicolay（2022）等提出不同模块的增加、替换、删除使产品更新的频率大大地缩短，增加了产品的种类，开发任务可以借助于模块化并行，避免了整条流水线的全盘否定与撤换，能够有效而定时的将产品投放市场，此种过程架构也更能够适应市场结构，承担市场风险。

综上所述，集成性质、拥有一体化流程的企业利用模块化分工，在适度的范围之内可以有效地规避创新风险，降低创新成本。模块化的生产方式可以将产业链条局部分离，从而局部上实现生产成本的降低，以达到整体成本降低的目的，局部模块创新的失败使企业承担较少的风险。

2. 关于模块化对于进入创新核心系统的隔离

宋磊（2008、2013）以试听设备行业为分析对象，指出产业构建层次的不同、商业模式的变化以及关键零部件的演化只是中国产业因于研发陷阱的直接原因，而根本原因在于产业模块化使得核心环节的集成度上升，核心研发环节被清晰地隔离在门外。Richard 和 Heather（2009）提出发展模式并不是非此即彼，完全模块化（市场化）的安排依赖于企业间的沟通协调作用，越依赖于模块化的企业，绩效水平越低。此外，类似腾讯的微信、阿里的支付宝将通行、饮食、学习等非专业营利性功能放在自己的产品里，这也是一种变相的"再集成"，企图将所有的新出现的功能兼容到自己的产品系统内部，不仅为别的中小企业提供服务接口，自身也进行研发，拥有类似的产品，企图"大而全"的野心是中国龙头中枢企业"再集成战略"的初衷。微软对于网景公司的这种"再集成"在航空航天行业也存在，类似于波音公司对GA公司的兼并，"再集成"的现象比比皆是，虽然波音公司是为了保证产品的生产效率与交货，这是处于产业供应链安全角度而实施的"再集成"。如果同时追求模块化设计（MD）和创新产品会适得其反。一般来说，模块化设计有助于创新，因为其可以通过不停地试错，推出新的产品，简化复杂产品的设计过程，在较短的交付期内组合不同的模块从而产生新的产品。Shawnee（2016）利用分层结构模型讨论了产品复杂性在产品模块化、过程模块化以及新产品引进绩效之间的关系，结果显示，产品模块化在经济系统中发挥的作用大多数是正向的，但是当系统复杂性上升时，产品模块化发挥的作用逐步走向无序和失效，新产品引进绩效受到抑制；过程模块化虽然在本质上也是无序的，但是其交互作用非常显著。在模块化设计的过程中，如果设计师被太多的模块化的概念所约束，太多模块的可用性会给设计师带来困惑，从而阻碍新产品的开发。

Bruno 和 Reinhilde（2006）提出企业在知识获取的过程中，外部知识与内部知识具有很强的互补性，知识隔离对于企业创新具有抑制性。Sendil（2008）提出模块化被誉为促进增量式和模块化创新的组织技术架构，对于模块化体系结构对模仿的可能影响，人们关注较少。要理解模块化设计对竞争优势的影响，必须共同考虑模块化对创新和模仿的双重影响。根据模块化程度的不同，设计了非模块化、模块化和近模块化设计，其结果显示模块化的确可以为企业带来收益，但是模仿创新而非自主创新在长久看来不可持续。此外，行业的领导者和模仿者的绩效差异主要表现在近模块化和非模块化结构上，行业领先者未将自己的核心业务分包出去，在非模块化的领域涵盖企业更为重要的创新活动。Kannan 和 Anand（2020）指出在跨国公司在进行知识迁移的过程中，尤其是印度、中国等地区，尽管拥有许多廉价的科学人才，进行尖端技术的研发，但是知识产权是地方性的，知识产权保护薄弱使得他们不会在研发活动中受益，知识产权的应用强度可能与海外市场相关，且研究数据显示，弱知识产权保护的国家也很少参与跨国公司的 R&D 项目中心。张治栋等（2007）提出伴随模块化深入经济发展，出现三大"模块化悖论"：模块化发展与系统控制悖论、模块化设计与流程模块化悖论、知识伴随物理模块化悖论。富士康面临的模块化陷阱，正好对应其提出的"系统集成测试"，模块化设计所产生的产品进行竞争比对，不仅特定模块的设计流程要进行竞争，子模块设计的质量也要进行竞争，当不被整体接受时就相当于被淘汰，这种淘汰机制还具有永续性，意味着每个企业面临下一次危机时仍不能放松警惕，模块化设计通过分散、分解与集成、集中将模块化的每一个部分的经济效益与效率提升到极致，但是同时要付出相应的管理成本和调度费用，分化越小越细的模块化，总集成商对于子系统的控制越难进行，子模块强调独立的欲望越强。Henry 等（2008）提出在产品架构转变之后，跨领域、跨学科的知识已经成为保持企业竞争力的必要因素。更广阔的企业经营范围显然有助于一些公司避免"模块化陷阱"，但是广泛的范围并不一定是足够的，正如行业防御者需要花费更多的时间维持自己竞争力，广泛的产业布局也有可能丧失专而精的能力。公司要想成功地集成产品架构，并且迫使行业结构改变，基本是通过三种不同的机制：一是转向系统性能；二是减少接口标准化；三是系统性能复杂化。转向系统性能是让行业内的其他竞争者无生存空间，减少接口标准化是建立行业壁垒，系统性能复杂化是提升模块化难度。但是要做到上述三点当中的任一点，都需要在行业内部拥有很深厚的资金和技术实力，例如，当年的微软兼并网景，微软利用自己已有的技术实力进行再集成。Brusoni 等（2001）也强调保持完整的知识视角对公司的价值，发现成熟的模块化产业中模块化程度的降低导致了攻击企业的压倒性优势，这也就是很多大型企业、龙头公司选择"再集成化"的原因。Baldwind（2000）提出在模块化组织中，子模块被替代的方式多种多样，在涉及模块化产品的过程中，可以通过拆分、剔除、增加、归纳与概念模块化流程，将组织结构、生产边界、产品附加值重新规划，流程重组的时候，某些子模块的利益就会被牺牲。然而，现实中的模块化并不像简单的拆分、兼并如此简单，涉及两个根本性的问题：一是产品边界，二是再集成化。

模块化对于创新系统的危害，分为两条路径：一是知识隔离分工模式下的知识学习困难，类似于富士康化的产业链分工，使中国的企业处于产业链的下游，还面临富士康陷阱也就是逆模块化陷阱；二是拥有核心创新能力的中枢企业对子模块的轻易并购，即使已经发展的中枢企业不在此方面进行创新，但是其后发的模仿、复制功能却非常强大。本身发展规模较大的企业，其产品发展的边界是无限的，例如，微软系统可以在"再集成"的过程中，轻易地将网页浏览、杀毒软件成为其软件系统的附属品，依赖于原有的用户流量，轻松实现规模经济，而以网页浏览和杀毒软件为生的子模块，却在市场上难以寻找生存空间，也就是说在经济系统中其已经不存在"选择权价值"，但是类似于杀毒软件等产品却依赖于操作系统而活。这是一种"再集成"的市场威胁论，新出现的子模块很可能带走原有的用户市场，这也是网景公司"Nagavitor"浏览器消失的原因。类似于支付宝兼并共享单车、微信涵盖滴滴打车、微软公司兼并网景公司等，此方面的模块化兼并貌似存在不正当竞争嫌疑，存在垄断行为，这属于模块化中的扩展，而富士康等企业在模块化中的威胁属于是可以被替换的一块。

综上所述，不管企业出于何种目的而进行"逆模块化"，对于原有处于子模块的企业产生的就是直逼生存的危机，一旦有能力的中枢企业决定此决策，子模块企业的反击能力非常弱，如当英特尔决定自主包揽芯片的全产业链，在再集成战略推出的时候，芯片市场面临了强烈的洗牌，Trident、3S等传统厂商逐步退出市场，中低端市场被英特尔占据。但是，再集成也并不是全无缺点，英特尔现有的全流程制造和加工精度远比不上三星和台积电的模块化分工，包揽全产业链的芯片加工和生产战略使得英特尔难以在某一环节彻底释放自己的长处，集中自己的资金、人才、实力突破单个环节。

3. 模块化对于产业结构的影响

Robin和Regine（2004）提出产品架构既影响交易的可行性，也影响资产和组件的共同专业化程度，通过对产品及其架构进行更大范围的重新设计，可以降低过程成本，追求模块化的设计师在模块化设计产生的选择中"寻找价值"。Sebastian（2008）探究行业发展结构与产品发展结构之间的因果关系，结果发现：产品结构变化导致行业结构变化，而不是反向的因果关系，微观环境引起宏观结果，即使长期的产品架构发展趋向于增加模块化，但是临时的重新集成有巨大的价值。此外，理解产品架构创新的潜在力量具有重要价值，了解效果传播路径和机制是协调工程和战略的先决条件。虽然深厚的知识基础对于能够在模块化架构中竞争具有价值，但要改变行业结构，需要对广泛的知识基础进行投资。

Tufail（2020）以特斯拉的Model X和Roomba公司的机器人作为分析对象，在模块化生产系统的基础上嵌入新技术，所产生的变化并非传统意义上的渐进式创新，而很可能会触动事关产品结构的根本性变革也就是增量创新，模块级的技术变化会影响接口的标准程度，模块化创新不等同于局部创新，与体系结构创新密切相关。模块化创新通过"分工"与"合作"促进知识产权和技术标准的高效竞争。行业发展的普遍规律如下所述：基于生命周期视角，在一个行业发展的初期，通过工程设计的方法，将设计流程通过可标准化、可度量、可评估、可计数为模块化提供了条件，制定了基本的规则，使行业交互模式也就是分工协作成为可能,产业结构一旦在初期形成一定的稳定架构,就对产业边界、企业位置选择、产品位置选择做出了实质性的限制。逐步复杂的知识结构和技术进步使跨界面交互成为可能,且单个企业一般无法彻底打破产品架构来改变行业结构。企业边界定位不仅是效率考虑的结果,也是某些类型创新的先决条件。

Henning 和 Wolfgang(2002)认为采取模块化创新的动因是可以在未来解决规模经济和范围经济之间的困境,模块化架构也可以称之为模块化平台,就是兼顾产品差异化和规模经济的产物,产品差异化是适应市场的个性化需求和定制,针对的是利基市场,规模经济是模块化通过标准化的接口而实现的。模块化创新指的是引进新的技术,将单个组件的核心技术加以创新,保持组件间的相互联系和接口位置不变,是在单个模块内部的改变,却不影响关联模块的运作。架构创新改变了产品配置,并且以新的方式进行组合,但是在此过程中并没有引进新的组件技术。架构式创新是在结构之内的创新,先前构成企业核心能力的架构是既定的,组成了不可变动的基本架构,但这在一定程度上抑制了创新刚性,不是彻底性的变革。Richard 和 Langlois(2002)提出架构式创新会破坏组织内部的信息传递和沟通过程,并且还会影响解决策略的有效性。结构创新的负面影响是可被消除的,消除后不仅可以解决组织的架构问题,还可以解决跨学科之间的工程融合问题。以飞机引擎和化学加工行业为例,强调解决技术问题的深度和灵活性,在组织早期开发的过程中,以技术集成活动为重点关注对象。Brushoni 和 Rencipe(2001)发现,伴随劳动分工的逐渐增加,出现了专门服务模块化集成的组织。在涉及众多技术领域的行业,这些组织的活动,既包括稳定产品机构,也包括将自身涉及的活动模块进行创新。针对架构式创新的特点,提出在进行系统活动集成时,往往需要更多的精力进行整合。

综上所述,模块化本身不存在好坏,但是在产业链上参与模块化分工却面临风险与陷阱,逆模块化或者说反模块化的文献在模块化的相关研究文献中，并不占有数量优势，甚至可以说非常少，但是存在非常大的警醒意义。产业链低端陷阱、劳动分工与模块化之间联系密切。制造业创新的过程夹杂在模块化与集成化之间，现有的模块化研究的不足就是仅考虑硬件组件的影响，但是软件系统以及新兴技术的研究较少。

五、本章小结

本章主要是阐述当前研究背景、研究意义、研究内容以及研究路线，对国内外相关领域文献进行梳理分析，包括关于高技术制造业集群、制造业产业集群创新、数字经济与制造业创新、模块化与制造业创新的研究，总结现有研究的重点、热点以及不足，为后续研究提供了切入点。

第二章 相关概念和理论基础

一、数字经济的相关概念以及理论基础

(一) 数据、信息与知识

数字经济的核心要素为数据,从数据到最终数字价值的实现,存在状态演化。数据价值链的"数据—信息—知识—价值",是数据由低级储存状态到高级理性认识逐步进化的过程,而最终形式——价值的产生,与人类的理性认识与辩证思维不可分,并且原始数据的质量越高,价值获得的过程可操作性越强。

1. 数据

要准确区分数据与信息的概念,并非所有的数据都具有价值性和经济性,数据中存在不同程度的信息冗余,从数据中提取有效信息的过程是不可逆的。数据距离高一级别的信息存在实质性的差距,数据的信息提取能力对于个体来说事关重要。数据是不掺杂主观思想的客观结果,是对于事物产生以及演

化未加修饰的原始材料。

2. 信息

信息从本质上也存在有效和无效之分，相对于客体的不同，信息的有效性也存在较大的差异。有效的信息是一定数量和质量的集合，相比于数据来说，信息能给予人认知和行为上的指引，排除一定的不确定性。信息的表现形式也是多种多样的，如图片、音像、文字等，可借助于不同的媒介传达。

3. 知识

根据柏拉图的知识定义，知识是经过时间和实践检验的具有正确性的产物，符合人类文明前进的正确方向，是可以被人所相信的。知识也分为不同的种类，包括显性知识、隐性知识等，其在实践和客观世界中不断丰富发展，个人或者集体通过多种渠道和途径获取知识，从而提升自身发展水平。

（二）数据要素的特征

1. 规模报酬边际递增的特性

有效数据的价值性和数据量成正比，庞大的数据可有效避免误差，对于经济主体来说，特定范围内对于产品受众的信息了解程度越高，本身经营决策失误的可能性越小。

2. 非均质性

每一单位的资本带来的差异性为零，每一单位的劳动力和土地根据实际情况的不同所带来的差异有限，而每一个数据所带来的价值属性与其他数据存在巨大的差异。且同量数据集包含的数据信息，在质量、时效性上可能截然不同甚至相反。数据不同于其他的生产要素，价值判断的标准难以界定。

3. 高渗透性

数字经济的背景是结合信息技术，当下信息技术存在一定的渗透作用，数字经济具有极大的辐射潜力，不断全面地渗透到经济社会的各个领域，其主要表现为：打破经济界限；模糊三大产业之间的脉络；促进产业结构相互渗透和融合；打破传统企业分界和商业模式；加快企业向数字化转型。

4. 非排他性

已有的其他生产要素如劳动力、资金等，在占有形式上具有极强的排他性，非两方或者多方可以共同使用或者占有。而数据不同于技术、劳动、资本等要素，存在时空形式、产权制度等不同形式的占有，可供多主体同时使用、异地使用。当然，数据要素未来非排他性的强弱受到制度和技术影响。

（三）数字经济的内涵

数字经济本身的概念和提法伴随实践的发展不断演化，从 1960 年马克·卢普（Fritz Machlup）提出"知识"这一概念为起源，到 1977 年马克·尤里·波拉特（Marc Yuri Porat）的"信息经济"，再到 20 世纪后出现的"互联网经济""数字经济"，内容不断深化。而我国的国家政策也从"互联网+""两化融合""工业互联网"到数字经济的"四化结构"，数字经济的内涵包括数字产业化、产业数字化、数字化治理、数据价值化。数字产业化指的是既有的数字产业在经济发展过程中所持续产出的直接价值；产业数字化指的是非数字产业通过数字化而获得的增加值；数字化治理指的是数字经济发展过程中的各级主体借助数字化的手段管理经济系统；数据价值化指的是将数据要素收集、分类、编纂后，利用各种先进技术提取其中的关键信息，进而激发其中的经济价值。这"四化"是数字经济现阶段发展的目标，也是数字经济的深层内涵。

数字经济依赖于实体经济而存在，也成为实体经济转型的借力，数字经济是经济发展过程中的一种新业态，此经济业态凸显了数据要素的价值，数据所携带的价值被深层挖掘，从而使从生产到售后的工作，进行得更有针对性，避免重复建设和资源浪费，在信息传递的过程中不借助人力，从而进行高效的反馈。关于数字经济的具体含义学术界未给出一个统一的标准和界定，数字经济的内涵可以理解为以数据资源为生产要素和核心资源,由此要素的开发而引发的信息流、资金流等实体活动服务于经济发展,以信息通信技术为载体,将已有的和不断更新的数据资源反馈到经济系统中,深刻挖掘数据的潜在价值,提升生产与服务的质量和精准度,将数字化设备、人才与各生产、流通环节相衔接,也使得消费者、企业、产业三者融合于数字生态网络。

(四)数字经济的特征

数字经济具有高创新性、高连接性、高渗透性以及广覆盖性,使实体与虚拟空间存在即时性的信息与价值交流,表现为"数据要素+数字技术"构成的新的经济形态,实现商业模式、生产流程、研发过程的数字化。数字经济与工业经济、平台经济、实体经济、虚拟经济存在着异同,总体而言,数字经济不等于虚拟经济,也不等于实体经济,但是虚拟经济属于数字经济,数字经济的部分也是实体经济。

1. 数据资源是数字经济关键的核心要素

数字经济中的生产要素不同于传统的劳动、资本、土地等生产要素,其中核心要素为数据,在数据转化为价值,也就是数字经济变现的过程中,数字经济系统中的行为,包括对于经济发展结构、体系的决策,微观经济活动的预测,都需要精准的数据与信息提供决策依据,从而对于业务流程进行改造、升级、重组、整合。深入挖掘数据要素的潜在价值,推动数据的循环使用与精准服务。以数据流带动各类要素加速聚集,赋能经济高质量发展。但是,基于数据本身的非竞争性,在价值开发的过程中,为争夺稀缺数据必然引发恶性竞争,数据资源的不恰当利用会形成马太效应与数字鸿沟,数据要素的合理开发与数据市场的规范经营仍然存在很长的路要走。

2. 数字技术是数字经济发展的驱动力

数字经济中数据的利用主要依赖于数字技术,包括物联网、人工智能、区块链、云计算等技术,可为有效激发数据要素的价值、实现多场景的应用提供技术支持，减少原有生产方式和沟通方式的迟缓、精准度差等问题，以更强的时效性与精准度提取数据要素中的价值，连接到数据服务用户与地点，实现各个沟通主体之间的智能互联，主要体现在产品与服务智能、生产过程智能以及获取渠道智能方面。数字技术是数字经济实现价值提升、生态服务的技术驱动力。

3. 与实体经济融合发展是数字经济的发展要求

以数字经济促进传统经济适用新发展模式是数字经济的必经之路，数字经济通过数字化和智能化的手段在物理空间与数字空间之间进行有效衔接，发挥数字经济与实体之间的耦合，激发实体经济的潜在价值，这是经济体系健康、平稳、有效发展的要求，脱实向虚是背离经济健康发展规律的。以数字经济的发展手段突破关键技术的壁垒，驱动传统制造业升级与新型产业创新，促进实体经济更为有效地激发自身价值，提升价值与效率。

二、高技术制造业集群创新的相关概念以及理论基础

(一) 产业集群的概念、分类与特征

1. 产业集群的概念

关于产业集群概念的界定，国内外学者已经产生一定的共识。1990年迈克·波特在《国家竞争优势》一书中首先提出产业集群（Industrial Cluster）一词，指出产业集群是在特定环境下所形成的在子系统内存在关联和协作的组织或者协会。这个组织依赖于特定的产业而生，在地理空间上存在邻近现象，内部存在联系。产业集群的规模不局限于单个国家和地区，可以跨越多

个国家或者地区，甚至在跨国家的状态下形成产业网络。产业集群的存在形式非常多样化，根据其产业分工、组成部分、分布特点而定，但是，绝大多数的产业集群存在几个共性的组成部分，即零部件生产商、服务商、投资机构以及相关的辅助部门，除这些基础的构成外，高技术产业集群还必须具备科研机构（智库、大学、研究院等）、下游产业（分销商、运输公司、消费者）以及提供专业化基础设施的部门（水、电、通信等），除产业内部经济活动环境外，政府的宏观调控、行业协会、民间组织都可以作为产业集群的组成部分。OECD 的产业集群研究小组经过调查，认为产业集群是一种价值链条，在此供应链条上，集中了各个层级和组织的价值贡献和劳动分工，并且提出产业集群是一种创新系统，是国家创新系统的简化和微缩版本。其中，集群与聚集的概念有所相似，却有所不同，聚集更多指的是一种区域空间上的近距离堆砌，但是集群更为强调近距离空间上的经济联系，聚集组织之间存在较近的距离，但是不存在经济联系以及分工协作。

2. 产业集群的分类

产业集群按照不同的分类标准，存在不同类型的集群。霍苗等（2011）基于政府对于市场干预力度的强弱，把集群分为市场主导型以及政府主导型；按照产业类型的不同，可以分为传统产业集群与新型产业集群；Markusen（1995）根据产业内部组成结构的不同，将产业集群分为马歇尔式、轮轴式以及卫星式；罗若愚（2002）根据集群形成过程的不同，划分为原生型、嵌入型等；黄程等根据集群产业链的集中度以及完整度划分为四类，分别为原子、未来、飞地、锥子，但是部分学者认为行业集中度低的集群不能称之为集群，仅是产业合作的一种形式。按要素配置的不同，可分类为劳动密集型产业集群、资源密集型产业集群、技术密集型产业集群；按资金来源的不同，可分类为外资主导型产业集群和内资主导型产业集群；按企业类型的不同，可分类为几个大企业主导型产业集群、中小企业主导型产业集群和单个龙头企业带动型产业集群；按创新水平的高低，可分类为模仿型产业集群和创新型产业集群。

3. 产业集群的特征

产业集群内部存在经济联系与产业分工。如果同样的企业聚集在同一地理空间，但是彼此之间不存在任何的经济联系和价值沟通，则无法称之为产业集群，仅仅是产业的物理堆砌。一般来说，一个产业集群的内部，应该存在大型企业与中小型企业，彼此之间存在产业链协同的关系，经济联系强。这种经济联系不限于产业链上下游的分工，还包括集群成员之间的供需关系。

产业集群通常在地理空间上存在聚集，是集群经济体在空间上的一种发展现象，正是由于这种地理距离的缩短，因此企业参与产业链的规模经济效益得以实现，距离成本降低。一般集群内部存在一个或者几个核心支柱产业，引领整个集群的发展、创新与升级，辐射带动周边地区的要素聚集。

产业集群存在经济发展的演化特征。从历史的脉络来看，一般从中小企业依据某个地区的经济优势率先建立，自发性比较强，在产业技术能力和人才逐步积累以后，更多的组织包括大学、中介机构逐步落地，之后依靠政府的扶持或者产业的吸引力，逐步演化为在地区内部具有一定竞争力和渗透能力的集群。

产业集群有包容性。产业集群并非是排外的经济体，而是不断吸收和接纳外来影响的，如果一个集群符合产业集群的所有特征，却封闭性较强，社会关系网络并不兼容或者开放，即使存在确定的、实际的贸易关系，也不能称之为集群。

（二）高技术制造业集群的概念、分类以及特征

1. 高技术制造业集群的概念

针对高技术产业集群的定义，不同学者对其研究的角度不同，未得出统一的结论，但是对于高技术制造业产业集群的内涵，都达成了以下的四个共识：一是产业集群在地理空间上具有集聚性和邻近性；二是产业集群内部各

层级不是孤立的、松散的，而是具有紧密连接方式和渠道的经济网络；三是产业集群内部的主要交流和传递的不是产品和服务，而是知识和技术，且内部交流的次数比较频繁；四是基础设施和社会成本成为产业聚集的原动力。总结高技术产业集群的定义，地理聚集和产业关联是显著特征，也是衡量产业集群的明显特征。高技术制造业集群则被定义为高技术领域内相互关联的企业及机构在地域空间上聚集所构成的产业生态系统。高新技术产业集群，是指在高新技术领域内具有相互关联的项目与企业在一定的区域内聚集，从而形成科技产业从研发、设计、生产到销售以及相互协作、配套的有机组合，并非以往园区项目的物理堆砌现象。从已有研究者的研究成果来看，高技术产业集群是以地理邻近为原则，包括产业区、经济开发区、高新区等形式，还涉及与大企业共生的中小企业聚集网络，依靠技术合作与创新形成的企业聚集网络。

2. 高技术制造业集群的分类

目前，针对高技术制造业集群的分类主要是按照行业进行，如生物制药集群、新能源产业集群、高端装备产业集群等，行业集群在我国均有分布。根据集群驱动要素的不同，还可以分为传统要素驱动型、效率驱动型以及新要素驱动型。其中传统要素驱动型是根据原有的资源禀赋和产业集群而形成的；效率驱动型受新型技术和产业升级的影响，产业集群的劳动力、资本等优势逐步丧失，提升创新能力与水平成为集群发展的驱动力，新要素驱动型，由新的生产要素驱动形成，包括数据、信息、知识等新生产要素，如贵阳的大数据集群、无锡的物联网集群等都是典型的新要素驱动型集群。由于新兴技术的出现，高技术制造业还有跨越空间的类型，即不在同一地理空间聚集，从而进行产业协作和分工，但是这种行业集中度比较低的分工方式，也存在较大的争议。

3. 高技术制造业集群的特征

相比于传统的产业集群，由于高技术制造业本身需要密集的知识、人才和高端的制造设备，在科研经费和创新上需要付出需要更多的投入，高技术产业尤其是电子信息技术产业还面临追赶式创新以及摩尔定律，研发设计成本逐步抬升，产品更新换代快，强依赖于科研部门和研发机构，对于科研人才的质量要求非常高，属于知识密集型、资本密集型、技术密集型的产业。但高新产业集群内部也存在着不同，就国际几个著名的高技术产业集群，来分析其典型特征，如表2-1所示：

表2-1 国际典型高新技术产业集群的对比分析

内容	硅谷地区	剑桥工业区	班加罗尔地区
产业结构	主要集中于计算机、网络、生物医疗等产业	主要集中于计算机软件和硬件，其他分散在电子、生物技术、仪器制造等方面	主要集中于软件产业，产业总值占据85%以上
产业组织	小规模和大规模的企业并存	绝大部分为10人左右的小企业	90%的为中小企业，大企业成长速度快，且不断投资入驻
产品市场	销售到世界各地，小企业为大企业创造商品、在夹缝中生存	主要集中于国外，国内市场较小	中小企业为大型企业和跨国公司提供服务
协作网络	小的设计商和专业化设备生产商之间形成动态的联盟；大企业集中在新产品的研究	竞争的优势来自大量的中小企业专业化于同一类产品的生产部门或专业化的市场，企业之间合作较少	企业之间存在分包和提供服务；分包是为几个客商同时服务而扩散风险，供应商合作认识不足
科研力量	本地的大学，研究机构主要为斯坦福大学，与企业建立强联系	科研实力较强，主要为剑桥大学	本地聚集的著名大学和研究机构

高技术制造业集群是指在信息通信、新材料、航天等领域，生产高、精、尖技术产品的产业群，具有人才和知识技术密集、研究开发投入高、低资源消耗、高附加值、发展速度快、对其他行业渗透能力强等特点。高技术集群内部产业集中，存在明显的产业分工以及经济联系，大、中、小企业之间存在产业链分包的关系，支柱产业明显。在地区内部带有明显区域影响能力，

· 47 ·

产业关联性、产品附加值高，高技术制造业集群的区域产业放大性比较强，内部存在较高的淘汰率。

高技术产业集群内部的技术服务、信息服务等协作基础配套完善，内部信息与知识交换频繁，存在较强的经济合作关系。不但存在高校以及科研院所等机构，还包括法律、金融、咨询等集群发展的辅助部分，这也是适应高技术制造业的发展特点而产生的。技术转化成果效率和质量比较高，集群内部存在科研水平较高的大学以及科研院所，为集群发展提供智力资本。以创新活动为基础，高技术制造业与知识密切相关，集群内部存在知识溢出，相比于传统的制造业集群，更为依赖高素质的人才和雄厚的资本。高技术产业集群具有较强的技术依赖和创新压力，与科研院所和机构具有很近的空间依赖性，集群内部之间联系密切。

（三）高技术制造业集群创新的相关理论

1. 高技术制造业集群与创新的关系

高技术制造业集群与创新的关系主要体现在三个方面：一是高技术制造业集群创新的动力；二是高技术制造业集群的知识溢出；三是高技术制造业集群的集聚效应与产业升级。

高技术制造业产业集群的创新动力。一般产业集群创新的动力主要来自两个方面：一是强市场消费力的拉动。当集群的市场规模达到一定层级的时候，吸引众多的消费者，伴随用户规模的扩大，用户的需求也在不断地升级，市场需求方由原来的邻近的区域性组织变为国际组织，需求层级不断升级，则适应市场需求就成为产业集群创新的内驱力。二是市场内部竞争的压力。产业集群内存在众多的产品功能相近或者相似的企业，同类企业聚集会使企业差异化的竞争优势被不断拉低甚至被替代，产业集群的企业的确拥有比其他地区更为廉价的土地等生产要素以及政策扶持，但是产业集群内部的淘汰机制也更为激烈，"优胜劣汰制度"成为产业集群内部更新换代的必然，由此，产业组织内部的高强度竞争成为企业创新的外部压力。前两个方面的创新动力适用于所有产业集群，而高技术产业集群的创新动力除以上两个方面外，还有国家政策驱动。高技术制造业所涉及的航天、通信等支柱性产业，涉及国家国防安全和政治安全，在国际产业竞争力方面发挥巨大的作用。

高技术制造业产业集群的知识溢出。高技术产业集群不同于传统产业集群，是资本密集型和知识密集型的产业，高技术产业集群为顺应国际形势的变化和产业内部竞争的需求，对创新的质量和速度要求非常高，产业集群内部的聚集性和创新网络也使得技术和知识交换速度加快，专业知识和技术在地理上集中，也因为地理邻近和产业分工联系使得知识加快扩散，形成知识溢出，学习知识的成本降低，产业集群内部的知识溢出使"集群式创新"成为常态，形成学习型组织和知识经济，集体性的学习又形成了产业技术创新的良性循环。产业集群的知识溢出涉及两个方面的知识：一是显性知识；二是隐性知识。显性知识的传播可以借助于正式的信息传递渠道和宣传渠道，而产业集群的隐性知识传递是借助于非正式的沟通网络，产业聚集的近距离使隐性知识通过社会实践活动和非正式交往进行传播，从而加快集群间的创新水平的提升，无形的创新知识网络基于地理的邻近性不断强化，使创新主体不断紧密连接。

高技术产业集群的集聚效应与产业升级。高技术产业集群对于创新的强烈需求，会使产业集群内部创新资源和要素快速聚集，从而引起大规模创新人才聚集，高级的生产要素聚集会极大地促进研发，企业与科研机构之间的密切交流和合作会产生高质量的研发机构，提升创新机能进而形成创新生态。产业集群内部的聚集也会使企业间对于市场需求、人才结构进行明确而清晰的认知，从而及时进行组织调整和人才培育，提升组织的灵活性，从而为创新提供合适的土壤，持续发挥创新优势。各个企业创新土壤的肥沃会带动产业集群内部的升级，创新环境进而成就集群的创新能力，有助于高技术产业集群的可持续性发展，激发创新活力。

2. 高技术制造业集群创新模式分析

一是合作创新模式。产业组织理论认为，如果企业在产品或者供应链的某一方面存在短板，进而想要提升创新能力，主要分为三种方式：第一种是企业兼并或者购买，第二种是自主开发，第三种是合作开发。这三种手段是企业提升技术创新能力、丰富创新资源的主要路径。基于这三种创新模式，可以按照创新资源的来源分为内源创新、外源创新和内外结合创新，其中内源创新是根据企业长期积累的生产能力、研发基础和行业经验进行创新，这对于企业本身的创新基础、创新投入度提出了严峻的考验。一般来说，进行自主创新的高技术制造业存在较长的企业发展史，且自身科研经费投入充足。自主创新的优势在于：首先，可以将已有的创新部分与产业链其他架构进行充分的连接，避免局部创新带来的内部摩擦，提升创新成果的利用效率，促使整体适用创新成果；其次，可以较好地树立技术壁垒，减少创新成果的外泄，使企业在激烈的竞争中获得先发优势，提前占领市场。外源创新指的是企业依赖外部的创新资源和力量进行创新实践活动，这里的外部资源包括购买研发机构的新型技术成果、委托已有的研发机构进行研发或者在公司经营范围外另设置研发机构，这种创新方式对于企业要求比前一种低。而内外结合创新指的是在引进既有的研发成果或者兼并企业后，在既有的研发成果上进行持续性创新，可以在引进相关的先进设备后进行模仿创新，也有企业将自己需要进行创新的产业进行分类划分，将不同的部分运用不同的方式进行创新。

但是合作创新的模式也并非是单一的，具有多样性。自从产业经济学兴起以后，众多的学者对产业集群的创新合作模式进行研究，基于不同创新需求，可以把合作创新的模式分为用户联盟、供应商联盟、互补性联盟等，此外，Hride 等（2021）还提出存在补充性联盟，即企业与产业研究院、政府机构、联合会等非企业组织进行联合发展，从而形成一种新的合作创新模式。罗炜等（2002）根据创新合作组织合作形式的不同，分为产权合作形式和非产权合作形式，产权合作形式相比于非产权合作形式具有较强的约束性，以资本为纽带进行紧密合作，协同程度高，契约程度高，组织内部具有较强的稳定性，但是组织管理成本和控制成本较高，对于外部环境的转向能力和灵活适应能力较弱，这种合作方式主要适用于本身创新能力比较差和技术薄弱的公司，利用产权合作组织进行核心技术的突破。非产权合作组织基于合约关系而设立，合作形式的灵活性比较强，但是相比于产权合作组织来说稳定性比较差，对于组织内部的成员约束能力也比较差。但是这种合作方式适用于短生命周期的研发项目，在实际应用中，使用的范围比较广。

但是我国高技术制造业本身研发周期长、研发成本高，弱稳定性的创新合作模式对于进行长期的技术创新存在不利性，持续性强的研发合作模式才是最佳的选择。我国科研项目的申请以及后续工作经常伴随立项而开始，经费断流而结束，这样不利于持续性开发新技术，研发和创新存在断层。而非产权组织等创新合作形式可以灵活地运用到各个层面，但是要保障技术研发、基础研发的持续性和稳定性，以稳健性的创新合作机制为主。对于产业集群内部的企业来说，透明的社会网络会形成良好的决策机制，避免非产权合作组织基于短期利益问题所带来的逆向选择和机会主义，这是产业集群的优势之一。

二是集群式创新模式。在产业集群的发展模式下，产业集群内部自发地会形成一种集群式创新模式，且内部某个企业或者组织在管理结构、运营模式上的创新会引发系统性学习和反馈。集群式创新的说法，由刘春芝2005年在《集群式创新》一书中提出，她以辽宁装备制造业为研究对象，分析其内部制度和外部制度的由来，认为集群式创新对于工业发展是一种新型业态，以集群为创新载体和创新平台，可以把生产要素进行优化分配，提升企业技术创新能力。易秋平和刘友金（2011）明确地提出所谓"集群式创新"指的是利用产业集群的优势进行创新，集群式创新的主体包括产业集群内部具有分工协同和供应链耦合的内部组织，且其从事的是相似产业或者相关产业，在地理空间上的邻近使得其产生创新叠加效应，相比单独进行创新的个别企业，可以获得更加高效的资源配置和信息交流。集群式创新的定义必须包括以下几个部分：第一是集群内部必须具有直接或者间接的联系，产业分工是最重要的联系之一，如果相互关联和分工协作的关系不存在，则集群的定义便不存在，而仅是物理意义上的企业简单堆砌；第二是创新的主体是同一产业或者相似产业下的企业；第三是在地理位置上存在邻近；第四是产业集聚的主要目的是创新，而不是进行其他的活动。集群式创新大致分为两类：一类是顺轨式创新集群，另一类是衍生性创新集群。顺轨式创新指的是基于同一产品或者技术的持续性创新，衍生性创新指的是从已有的创新方式出发，渗透进具有技术关联性和产品关联性的创新实践。集群式创新拥有自身明显的特征，主要体现在以下几个方面：一是互惠共利性，在不依赖集群式创新时，创新的双方或者多方能够自主生存，但是在这种合作方式下，合作方能够优势互补，进而获取生存优势和空间；二是协同竞争性，产业集群内部的确存在竞合关系，但是集群式创新的最终目的为共同发展；三是资源共享性，集群内部的通信基础、知识资源、信息化软件都可以进行共享，以便破除集群内创新的壁垒，加快信息沟通和产业融合。

三、制造业模块化的相关概念以及理论

（一）模块化的概念

模块化的概念最先起源于亚当·斯密《国富论》的劳动分工理论，也就是将一件物品的多个操作工序进行简单的分割，从而提升单个生产环节的加工效率，提升企业的生产价值。而在现代生产系统中，伴随追逐成本最小化、

效率最高化的时代趋势，模块化的产业分工是必然趋势。针对模块化的研究众多，但是模块化的定义存在很大的模糊性。现有的研究通常无法分辨模块化、零部件通用性、流程模块化与动态团队之间的区别，但是在产业协作的过程中，这几个词义的确存在非常大的相通之处，在产业发展的过程中，分工协作的内涵被深刻凸显。Langlois（2019）将模块定义为通过标准化接口相互连接的通信离散块，产品模块化的本质就是设计模块化，而过程模块化的本质就是流程模块化，催生产品模块化和流程模块化的起点就是系统的复杂性。在设计理论中，对于整体框架的产品设计，通常包括两种：一是整体式，二是模块式。在整体式设计的过程中，产品的功能元素和物理架构关系是复杂的，并不是一一映射的，在这种前提条件下，组件接口或者说上下环节之间是紧密耦合的。在不改变任一部分的前提下进行创新是不可能的，往往牵一发而动全身，极大地限制了变革的灵活性。而模块式的设计包括功能元素到物理组件的一一映射，可以协助企业以最小的物理变动实现功能变化。

Abound 等（2022）认为模块化包括三个基本的要素，分别是功能绑定、接口标准化和可分解性，功能绑定的核心原则是功能与组件的一一映射，但是这种一一映射允许其中的某（任）一模块可以被删除、拆分，功能绑定用于减少组件的相互依赖，支持它们在子模块内部进行自主设计与创新。接口标准化是在系统内部为各个环节进行衔接所产生的"身份确认"，也就是说，一旦子模块生产的零部件无法满足接口的标准化原则，就会被模块化系统所否定。接口标准化是系统内部产品间互补、起相互作用的机制。而在利益相关者的内部，接口标准化则被称为肉眼可见的设计规则，提供系统组件的交互开放，虽然模块化具备严格的接口标准化要求，但这也是进行开放生态的许可证，只要是满足模块化的标准，便可以介入到产业链的一环。Shibata 等（2022）指出，即使出现新的技术促使模块化进程出现意外，长久看来，新的知识也会被吸收，模块化进程将会继续，如 1969 年数字控制的微处理器单元（MCU）的引入几年就塑造了一个新的体系结构，但是新的技术被电信通信行业吸收以后，模块化的行业趋势继续推进。Sebastian（2007）将产品界面通过三个概念进行界定：界面强度、界面不可逆性以及界面标准化。其中，界面强度包括信号、动力、材料等方面的强度，界面不可逆性代表中止界面所付出的代价，界面标准化是界面兼容的度。

模块化诞生的主要原因是组织知识的复杂性，且高技术产业的模块化受到高级复杂知识的限制。复杂性指的是不同的零部件、元素以及模式的存在，当其以某种形式连接在一起时，使一个对象或者过程难以理解。Banker等（1993）指出一个产品（系统）的复杂性的主要贡献者是数量。根据管理学大师西蒙（Simon，1957）的有限理性原则，当决策过程中的信息覆盖量和复杂程度逐步上升时，会逐渐接近处理极限，众多纷繁复杂的关系和选择方案，极其考验决策者的水平，对于额外的信息来源和传递渠道，管理者的反应不会如此地及时而准确。由知识复杂性引起的模块化弊端，一是管理的复杂性和管理成本的上升；二是知识模块化并不伴随物理模块化而迁移，形成知识隔离机制，也就是模块化陷阱。

简单的、接近于线性的产品生产流程可以借助于清晰的接口标准进行模块化，而伴随知识结构复杂深化，模块化的划分再也不能直接从生产流程"一刀切"，而是要从设计、制造、消费三个方面联合入手，进行模块化的再设计，知识复杂性对于模块化生产影响最为深刻的高技术制造业，主要是航空航天制造业，由于其涉及的零部件复杂，通常一架飞机的生产要从全世界的模块化供应商手中获取零部件。复杂性也被理解为产品一个组件与相关零部件数量的多维度量，维度越多，那么相互依赖性和不可预测性越大，复杂产品的开发与创新依赖于多个部门和团体的联合努力。且此种研究的假设的背景是产品存在开发边界，具备单一的产品定界和生产系统，而在现实中符合产品具有清晰生产边界这个条件约束性也是非常强的。

（二）模块化陷阱的概念

针对模块化陷阱的研究比较少，但是可以借助于"企业的中等收入陷阱""产业链的低附加值阶段"等词汇进行词义的理解。宋宪萍和曹宇驰（2022）认为的"模块化陷阱"是基于新事物产生的应用风险而定义的，以企业变革的成本为研究出发点，收益与成本之差的利润成为考虑弊端的落脚点，同"数字化陷阱"的定义具有异曲同工之处，就是在企业模块化（数字化）的过程中，企业改革所产生的成本超过了模块化所产生的经济效益，使得企业因为模块化（数字化）反而产生了入不敷出的经营现状，也就是产生模块化悖论。但是同时也指出，相关的研究者并没有彻底否定模块化这种形式，在企业的初创期间或者高投入产业的萌芽阶段，模块化可以给企业的最大好处就是有助于克服"短桶"效应，发挥企业专、精、特、新的长处，塑造产业中的"隐形冠军"，而不必涉足高端产业的全产业链，但是要在高端产业中立足，重资产的设备和局部的核心技术是必须拥有的，这是话语权的基础。还有一种模块化陷阱的概念，也是富士康等企业面临的问题，就是如果依附于行业龙头而生存，一旦模块化的部分对于龙头企业产生威胁，其便会施行"再集成"战略，此时的模块化陷阱也就是核心企业的再集成收益。

本书所指的模块化陷阱是由于产业分工导致的上下游之间存在知识隔离，物理模块化的同时带来了知识的模块化，所造成的主要弊端不是体现在企业的流程变革风险和生产成本升高，这种风险可能仅存在于企业成长的初期，而是模块化带来的创新问题。但是，模块化陷阱对于创新机制的深层影响是建立了知识隔离机制（组织和人员），切断上下游之间的学习路径和信息交流，实现核心知识要素的跨区域、跨组织离岸。

（三）模块化陷阱与知识隔离机制

基于模块化组织的分离机制是阻碍知识学习和体制创新的重要挡板，而现实中，除了模块化还存在众多的知识隔离机制，主要分为两种：一是建立专利保护机制。专利保护所建立的知识壁垒具有完善的国内外法律保护，法律体系有强制的排外力度，但是知识产权所建立的保护壁垒不具有永久性，因为其涵盖的知识也是既有知识的延伸或者技术升级，竞争对手总能经过一段时间将其突破。二是将知识作为商业秘密留在公司内部，主要采取人力资本的组织隔离机制。首先是将知道公司机密的人员利用法律体系留下，减少人员的跨组织、区域流动，高薪与高惩罚措施双管齐下；其次是在与外界合作的时候，尽可能地减少知识的泄露，极大地保护自己的研发体系，不与上下游进行知识和信息交换，或者仅仅进行单向交换，上级对下级下达指令以及对其行动结果做出反馈，不进行双向知识交流。这种组织隔离机制长期被应用在中国以及印度等后进国家，但是知识隔离相比前者，隔离的效果更难以把握，人力资源具有强流动性，且某些国家也采取一些商业间谍等行为进行知识窃取。

在很多行业内部，既有的专利保护机制隔离作用是不具备长久性的，专利通常不包括默认的或者不完整的知识，可能是现有技术的直观延伸，障碍作用具有暂时性（Mansfieldetal, 1981），只要竞争对手通过一段时间的努力便可以突破此障碍，尤其是电子信息产业的摩尔定律，比尔·盖茨曾经说过："我们距离破产永远只剩下 18 个月。"由专利体系所组建的知识隔离机制不是非常牢固的，专利体系依靠法律的惩罚性来达到保护机制，以防止专利知识被盗用。而商业秘密的法律保护机制却没有如此的完善，仅仅依靠公司设计的组织机制进行保护，间隔性非常弱。理论上，知识可以通过难以转移而得到有效的保护。知识的特性，如沉默寡言、社会复杂性、因果模糊性以及缺乏转移和接受知识的意愿，会显著阻碍知识转移（Seealso Rivkin, 2000; Zhao and Anand, 2009）。从知识保护的角度来看，包括使用法律机制，如竞业禁止和保密协议（Marx, 2011），以及阻止员工泄露知识的组织实践（Hannah, 2005）。相比之下，其他知识保护机制受到的关注要少得多，这可能是因为它们通常被认为是状态变量（即给定的知识属性对经理来说是外生的），而不是经理可以操纵以使知识不容易泄露的决策变量，是管理者决策过程中产生的风险变量，而不是可处理的资源。

人员在两个竞争者组织之间的流动是知识泄露的重要途径，尽管李伯斯金（1996）早些时候提出，工作设计和激励是企业可以用来保护商业秘密的两个杠杆，但是这也不是万无一失的，Schotter 和 Teagarden（2014）通过实地采访跨国公司，研究中国保护知识产权的做法，他们发现了一些防止员工泄密和防止竞争对手抄袭的做法，其中包括实践重点企业社会责任倡议、与当地政府合作、了解法律环境以及制定战略性人力资源政策等方面。在他们的工作中，他们发现了一种操纵知识本质的做法——在员工中分解知识，这也就是利用人力资源将知识隔离。Zhao（2006）使用美国专利商标局（USPTO）的专利数据表明，跨国公司只在知识产权薄弱的地区开展工作来保护自己的知识产权，这些地区本身的价值相对较小，但与其他知识产权较强的地区拥有的知识产权是互补的。在一个行业竞争者进行知识产权模块化的过程中，公司经营者最大的担忧就是，其他的行业竞争者为减轻知识产权租金，而进入到中国或者印度这两个庞大的后发市场，从而使知识泄露。也就是说，模块化陷阱除在技术上实现知识隔离外，在人员组织形态上也产生阻碍知识传播的作用。

（四）模块化陷阱与制造业再集成问题

按照我国高技术产业的六大门类，即医药制造业，航空、航天器及设备制造业，电子及通信设备制造业，计算机及办公设备制造业，医疗仪器设备及仪器仪表制造业，信息化学品制造业，不难发现，高技术制造业的门类大体可以分为三类：一是医疗行业，二是通信行业，三是航空航天行业。其中医疗行业的药品加工属于集成化的，通信行业属于模块化的，而航空航天行业产品的制造属于模块化的加工，但是进行集成化的管理，是介于集成式和分解式之间的复杂制造系统。林杨（2021）以航空航天行业为例，提出现有的模块化研究仅关注到生产的模块化，而未注意到管理组织的模块化以及知识的模块化，类似于航空航天等高技术产业具有复杂、细小而模糊的知识模块边界和物理模块边界，知识不仅仅不伴随模块化进行移动，并且众多复杂组件对邻近组件具有非常大的影响，关键零部件甚至影响成败。如图2-1所示，只有知识边界和物理边界十分清晰的产品结构或者上下游结构才能完善进行模块化，如右上方的白色模块，但是知识边界和物理边界都不是非常清楚的黑色便无法模块化。

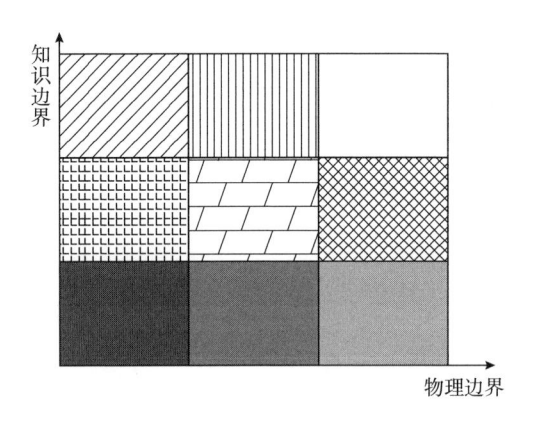

图 2-1　模块化的形成强度

航空航天制造业的模块化集成发生在一个充满模糊性的非结构化环境中，这导致很难先验地形成指定跨公司和地理边界的相互依赖关系。汽车等其他的机械产业的模块化集成相比于航空航天制造业，可以归属为一种简单的线性集合，但是由于航空航天的零部件集成具有知识的模糊性、复杂性，因此可以看成非线性的复杂集合。Suresh Kotha 等（2001）指出，航空飞机的整合面向两个主要目标：一是获得跨伙伴公司的行动和知识网络的可见性的增加；二是激励合作伙伴采取提高可见性的行动。以波音公司787计划为研究对象，分析航空航天行业模块化集成的利弊，全球零部件的集成的确为飞机找到了最好的供应商，但是众多零部件在公司总部的再集成也使得波音公司同样面临延迟交货等诸多问题，再集成的复杂性问题还使得机械工程师出现"罢工"等劳资问题。当然，针对于子模块的合作问题，波音公司也进行过"再集成"，在2008年3月，波音公司收购了沃特公司在GA公司50%的股份，成立了波音和阿莱尼亚合资公司。GA公司是来自日本和意大利合作伙伴的主要熔接部分预组装的集结地。波音公司认为对于大飞机的组装延迟交货问题，GA公司的低效率负有责任，由此进行了公司并购，收购了沃特公司，让其成为零部件的供应商，而不是原先的战略合作者。此外，还指派高级管理人员对于GA工厂的研发活动进行监督。但是在2016年的时候，波音公司已经希望自己在分模块的指挥权可以完全地下放，而不是亲自上战场指挥，将波音外部化，当子模块完全具有自我更新、自我管理的能力，并且不影响系统产品的组成时，波音公司希望被分权。

　　Dyer（2000）研究发现，丰田公司与其供应商工厂之间的平均距离远小于通用汽车公司的相应距离，并认为如此接近的物理距离为丰田公司提供了整合供应商活动的优势，因为它实现了丰富和快速的通信。虽然看起来一个公司在管理一个分散的供应链时所面临的挑战与管理一个全球分散的供应链时所面临的挑战没有什么不同，但区别主要在于这种整合的程度不同。整合供应商知识的另一个重要方法是依赖模块化产品和组织架构。组织架构代表企业与其供应商之间的劳动分工和用于协调活动的集成机制（Baldwin and Clark，2000），而产品架构代表产品分解成子组件及其相互作用（Ulrich and Eppinger，2005）。研究表明，当一个产品的结构和它的基础知识是模块化的，从外部来源整合知识就不那么困难（Baldwin and Clark，2000；Brusoni，Prencipe and Pavitt，2001）。但是技术的不确定性和对相互依赖的不完全理解阻碍了模块化，增加了不一致的风险（Ethiraj and Levinthal，2004）。一旦制造业的生产系统达到一个水平状态，当更好地理解相互依赖性时，可能会实现更大的模块化。换句话说，在一个复杂的系统中，模块化可能不是最初设计的样子。随着时间的推移，它不会消失，因为相互依存关系得到了更好的理解。

高技术制造业蕴含复杂的知识流程和工序，模块化是其必然进行的生产运作，但是如此众多的模块化，最终仍然需要集成为最终产品为消费者提供服务，过于繁杂的再集成活动也会成为模块化陷阱，模块化供应商的质量问题以及在市场中获取利润过大，都会成为核心企业再集成的动因，因此，建立一种竞争、有序的产业合作模式是非常重要的。

四、本章小结

本章主要研究主体的基础概念与理论基础，包括数字经济、产业集群创新、制造业模块化三部分，也就是本书的研究背景、研究主体以及研究问题。严格区分数字经济的核心要素、高技术制造业集群的特征以及模块化陷阱的概念，为下文研究问题提供理论指导。

第三章　后发国家的制造业创新陷阱及现实依据

一、后发国家高技术制造业创新分析

(一) 后发国家高技术制造业产业创新的动因

根据产业组织经济学和比较政治经济学的相关知识，后发国家推行产业政策主要受到经济民族主义、赶超意愿和国家安全因素的影响，如图3-1所示。经济民族主义指的是一个国家在取得民族独立后，必然采取一系列的手段发展经济，在国际范围内取得一定的国际地位并保持经济系统的平稳运行；赶超意愿指的是一个国家在现有经济发展情势下，是否具有野心或者意愿超越其他的国家（经济体），赶超意愿体现了一个国际（经济体）的发展野心和进取心；国家安全指的是采取相应的产业政策是否影响自身的国家政治安全，或者是某个国家处于现有的政治形势是否有发展产业的现实条件等。在此方面，世界范围内存在的一个显著案例就是印度，印度与中国几乎同时期实现民族独立，但是国家内部未建立起科学、规范的经济体系，居民财富的流入流出也未进行完善的统计，在涉及国家安全的国防领域，始终存在较低的民族发展意愿，主要采用出资购买国外技术的手段，大量国内财富被经济性掠夺，在经济发展方面的赶超意愿比较低。而像日本、韩国等国家，的确在历史发展时期上存在很长一段时间的突进式发展，经济发展意愿和赶超意愿非常强，至今为止经济发展水平较高，但是国家政治和经济主权受制于美国等西方霸权主义国家，产业政策的推行具有不连续性，易受到外界影响。除政治因素外，其产业政策仍然存在分析的必要。而我国相对于前两者来说，具有明显的产业政策推进优势：一是具有较强的经济赶超意愿和经济民族主义发展动力；二是具备稳定的政治环境和独立的外交实力，可以持续推进产业政策的施行。

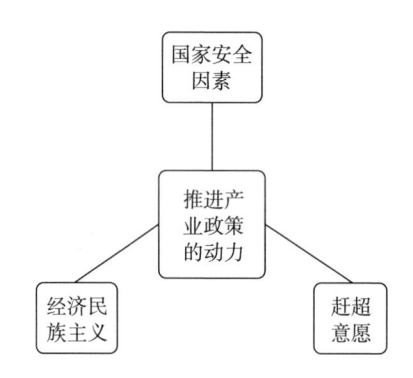

图3-1 推进产业政策创新的驱动力

众多的东亚经济研究者认为，中国作为世界经济系统的后起之秀，除军事的战略纵深、资源禀赋的丰富性、海陆环境的外放内收等环境因素之外，产业政策和发展路径也与日本存在较大差异，中国的经济发展路径不同于日本，也就是发展型国家理论的"中国悖论"。当然，这不代表既有的发展型国家理论不适合在中国运用，也不意味着中国经济发展的历程无法为其他的后发国家提供借鉴,而是现有的发展型国家论不能完全解释中国的实践,高技术产业政策的实施需要根据自身特色推行。

借助于厄特拜克(Utterback,1974)对于创新的定义来区分成熟产业和新兴产业,将关于涉及国家发展的关键行业分为成熟产业和新兴产业。以全球各个国家高技术制造业发展的成熟状态作为衡量的标准,产业技术实际上已经被采用,且应用范围和实用成果比较广,被称为成熟产业,而新兴产业指的是未得到深入发展的产业,行业技术正处于萌芽的状态。通过纵向的时间线整理,我们可以发现,美国在经历"二战"以后,逐步稳定自己的世界霸主地位,其对于国家内部的成熟产业进行过一定的刺激,但是更多的是将重心放在自己的新兴产业上。日本以20世纪90年代为时间节点,之前注重成熟产业的追赶,后期注重新兴产业的突破。宋磊(2016)提出,对于发展中国家而言,在初期夯实自己的经济基础,积极发展新兴产业,也就是实施开拓型的产业政策是必经之路。但是想要在成熟产业之间进行赶超,又面临知识隔离和技术垄断,追赶型的产业政策是更好的选择,也是更为现实的问题。基于中国本身的现实情况分析,传统产业逐步成熟,未来国家核心竞争力体现在战略性新兴产业上,高技术制造业是设计国家国防和民生的核心产业,创新是产业发展的源泉,因此是必行之举。

(二)后发国家高技术制造业产业创新的主体

通常来说,产业政策的制定者只有政府一个主体,就政府这个单独的政策主体来说,大量的研究文献认为,政府在产业发展和产业政策制定的过程中起到的作用,一是在土地、劳动力、进出口等方面提供财政支持,包括直接性的支付转移和间接性的政策扶持,在税收、信贷、保险等方面提供帮助,在生产成本上为企业解绑;二是引导新的行业发展点,布局新兴产业,促进产业升级。这种分析角度混合了政府在公共领域和生产领域的角色,准确来说,在公共领域的政商关系和生产领域的政企关系存在非常大的不同,前者侧重于资本形成，而后者侧重于资源使用，前者带有明显的公共行政学和政治学研究特色，而后者带有明显的经管学科研究特色。但是，在20世纪90年代之前出现这种研究方向的原因是不同学科背景的理论研究强化了自身的学科特色。其中，需要指出的一点就是计划性太强的经济管制政策，如果过度抑制市场需求，也会成为政府官员腐败的原因之一，如我国在改革开放初期，中小企业对于资金的需求非常旺盛，做大的民营企业想要更多的资金运转，金融系统内部却带有明显的规制，所以相比按照正常的规章制度进行贷款，一些中小企业选择了与银行信贷科科长进行不正常的财务关系。这两种关系的剖析远不止在于简单的政府官员作风问题，而更多的是产业政策的制定合理化问题。

政府负责产业资源配置和宏观调控，这种宏观调控整体来说，也不是单向的信息沟通，而是政府和企业之间的双向互动，冈泽宏（1984）持有类似的观点，认为产业政策的推进应该是双主体，将企业容纳到主体范畴，政府和企业作为产业政策的双主体，一个是制定主体，另一个是执行主体，企业运用产业资源的过程是推行产业政策的重要阶段，这种意识尤其是应该在后进国家引起重视。基于后发国家技术资源短缺的现实问题，政府的恰当切入才能使有限的资源得到合理的调配，但是这种以行政命令式的介入必然使得利益相关者发生矛盾，政府的介入角度的不同会使得产业产生不同的反馈效果，一般来说，政府介入的力度与生产能力成正比，而与技术能力之间的关系是不确定的。相对于确定的生产能力，提升生产能力需要解决的问题仅仅是成本—利润之间的关系，需要解决的是需求端。而技术能力从诞生开始便面临夭折的风险，涉及技术更新换代、市场需求不确定、研发风险等问题，显然，后者是比前者更为崎岖的道路，需要解决的是生产端和需求端的问题。

针对行业发展的特殊性进行，从政府调整产业政策的视角出发，根据目标产业类型的不同，将目标产业分为成熟产业和新兴产业，并且将介入主体分为发达国家和发展中国家，产业政策的典型案例如表3-1所示。针对成熟产业所实施的政策被称为追赶型产业政策，而针对新兴产业采取的政策被称为开拓型产业政策。但是这种产业政策的划分也具有极端性，自我国经济发展初期所建设的钢铁和煤炭行业自然不能归类于新兴产业，但是钢铁行业所产生的钢材以及煤炭行业所产生的电力，为我国新兴行业的发展奠定了重要的基础，行业之间的关联性非常强。

表 3-1 产业政策的典型案例

介入的主体		目标产业	
		成熟产业	新兴产业
	发达国家	典型案例：美国的制造业回归政策；安倍经济经学的三支箭	典型案例：美国的高科技产业政策；20世纪90年代左右的日本高科技政策
	发展中国家	典型案例：成长期的日本产业政策；20世纪80年代以来的针对成熟产业的中国政策	典型案例：21世纪的中国高科技产业政策

资料来源：宋磊. 追赶型工业战略的比较政治经济学［M］. 北京：北京大学出版社，2016.

由于产业政策引发的利益冲突主要涉及两个领域和三个部门，两个领域指的是公共领域和企业内部，而三个部门指的是不同的产业之间、同一行业的不同企业以及企业内部的劳动者—资本。一些研究者在总结引起两次世界大战的经济原因后，分析得出战后利益集团的组成成分影响了经济政策的调整和落实，多个产业的政治代表通过协商、调整以及交涉，各个产业的竞争环境逐步被落实下来，但是基于产业所形成的劳资矛盾在发展的过程中被长期忽视，通过分析南美洲和日本的产业发展特点得出，日本的利益冲突以行业为中心展开，因为日本施行的是终身雇佣制，劳动力在一个行业内部处于比较稳定的工作状态，劳动人员的升迁受到工作年龄的影响，劳动力在行业之间的流动性比较弱，也难以形成跨行业可以运用的技能。而南美洲则不同，利益冲突以阶级为中心展开，利益冲突在各个行业之间碰撞。社会结构说充分剖析了产业政策实施过程中的特点以及带来的问题，富有现实意义的洞察性，但是思想未形成系统性的理论，并且忽视了一个比较大的问题就是，利益冲突不在产业间进行，但是在同一个行业内部不同规模的企业围绕资源会展开竞争。

1. *公共领域：产业之间*

在产业之间，国家通过向成长性企业提供具有优惠力度较大的发展资源和条件以使产业落地或者继续成长，而衰退行业政府则是提供一定的转移支付平衡保持其稳定发展。这两种补贴产业的方式广泛存在于世界各个国家，在日、美等国家，通过成立针对各个行业发展的产业联盟——工会组织，在利益代表所组成的团体中，利益方通过相互的争吵解决矛盾，最终经过特殊的妥协达成一致的决定，产业内部对于发展资源的争夺和分配就通过会议的方式进行，在产业政策制定的时候，政府也不得不考虑所有主体，且在实践中证明，维持这种工会所产生的运营费用远比产业之间竞争产生的成本低。

2. *公共领域：产业内部*

在成熟产业内部，由行业内部的龙头企业所垄断，这就意味着能完全进入市场进行公平竞争的企业并不多，在这种垄断性质的低竞争状态下，就意味着会降低寻租成本。在成长性产业上，如我国的高技术产业，大企业和小企业会围绕政府的政策资源召开争夺，从而使竞争加剧。在这种情况下，要想缓和竞争关系，并且为其提供充足的发展土壤，主要借助于两种手段：一是中小企业扶持政策，推行中小企业扶持政策的目的是在现有的竞争格局下，维持好中小企业与大企业的竞争关系秩序，提升中小企业的竞争力，中小企业的发展呈现出特有的产业政策特点。以国际的产业政策为参考经验，就美国的传统企业而言，政策是倾向于扶持中小企业，而不是加强其与大企业的关系。二是大企业与中小企业合作政策。以日本在"二战"后的产业政策措施为借鉴，为了缓解经济危机对于中小企业造成的危害，政策鼓励他们联结成为协同发展组织，从而使其躲过生存危机，同时政府对应地调节了产业政策的金融体系，为其提供持续性的金融借贷。经历过经济危机的前期发展阶段，中小企业进入高度发展时期，日本建立现代化的管理制度和体系，建立企业管理咨询制度、推进现代化生产方式，协调大、中、小企业之间的交易规范。

而在大、中、小企业关系的研究上，既有的学者大致存在这两种观点，一种观点是大企业对于中小企业存在剥削、侵夺的关系，大企业占据政策资源和社会资源，挤压了中小企业的生存空间，两者之间是互斥关系，尤其是在经济不景气的时候，中小企业成为大企业的缓冲带。而另外一种观点则认为，就拥有较高技术的大企业来说，加强与中小企业的联系有助于缓和两者之间的矛盾，建立稳定而持久的战略合作关系。这两种观点的对立就是著名的"小宫山—藤田"之争。

3. 企业内部

产业政策在企业内部产生的主要影响体现在劳资关系上面，在产业经济飞速发展的时候，劳动力市场处于供不应求的状态，数量众多的择业机会和收入来源点缓解了行业工资差距矛盾，而在经济衰退期，这种劳资矛盾便会逐步暴露。在推进产业政策之前，企业内部之间可能已经存在一定的利益均衡点，一旦推出新的产业政策，可能打破旧的利益均衡点，衍生出新的利益均衡点。产业政策的着重点会改变企业营商环境，指引弥补产业链空缺的部分，龙头企业可能会率先进行战略调整，获取有利的市场资源，并且衍生出新的中小企业。

总之，如果政府选择"缺位"，很可能会让经济陷入"比较优势陷阱"。与比较优势相对应，全面赶超战略亦存在着误区，政府对经济的过度参与，压制了市场发挥作用的机制。政府的这种"越位"行为，最终会让经济陷入"全面赶超陷阱"。政府对于新兴产业的政策也不仅仅在于扶持，而是坚持"胡萝卜"与"大棒"相统一。

二、后发国家制造业模块化陷阱——富士康化

（一）富士康化的形成原理

后发国家的模块化陷阱，某种意义上来说，也就是先发国家的再集成化价值。根据美国经济学家亚历山大·格申克龙的后发优势理论：一是国家的工业越落后，制造业部门之间的联系越弱，呈现出一种快速发展的突进性；二是对于大企业和大工厂的作用突出明显，中小企业的能力难以发挥；三是实现工业化所采取的措施带有明显的集权性和强制性；四是工业化所产生的产品不能被农业所消耗，第一产业的发展状态迟缓，附加值低。中华人民共和国成立初期和改革开放前期明显存在这几种情况，且工农联合发展的提出使后发国家（经济体）可以通过模仿学习进行设计与研发，减小市场的不确定性，以提升自己的产业发展能力，但是富士康化的生产组织正好阻碍了这种模仿学习的路径，富士康是基于苹果公司产业链（以下简称"果链"）所形成的特殊产物——代工厂，也是处于微笑曲线不利一端的具体体现，如图3-2所示。

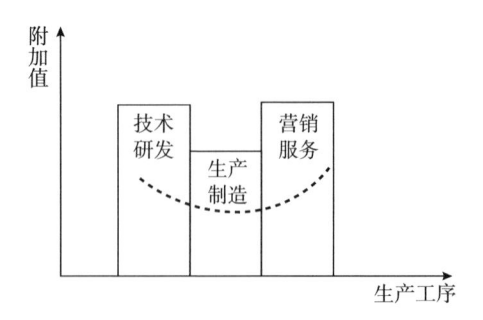

图3-2 产业价值链模块化的微笑曲线

富士康化是一种产业上游与下游严重分离、设计研发与加工严重分离的现象，下游即使产生高额的利润依然无法进入上游核心环节，从加工环节所获取的高额利润也没有驱动利润所有者进入核心环节，下游企业的发展前景具有极强的外部依赖性，但是一旦上游企业决定替换供应商或者缩减规模，下游企业便面临严重的经济危机，并且自救能力比较弱。例如，中国的"果链"企业——歌尔股份、立讯精密、蓝思科技等，受到苹果产业链转移的影响，在2022年下半年股份持续下跌，净利率不断下降。在社会结构上，代工厂内部极力追求员工单位时间效率的最大化，并使劳资矛盾特别突出，城乡的收入差距鸿沟无法跨越，这也是发展中国家与发达国家在高技术产业等高科技行业上难以突破的创新鸿沟，是"泰勒制"在电子信息产业的典型体现。值得提出的是，评价富士康的标准不是为某个地区解决多少就业的民生角度，而是以是否促进未来高技术制造业的创新能力为基准。富士康化是一种后发国家进入高技术制造业容易陷入的陷阱，并且反抗能力比较弱。

（二）富士康化的实现条件

1. 模块化的生产方式

电子信息产品部件的标准化是富士康化形成的技术原因，加工、装配等低附加值的环节一旦远离核心环节，便会出现整条产业链难以协作的问题，富士康化现象便无法产生。现有的"果链"企业各个零部件之间存在独立的运作模式，产品链条各个零部件之间只要能够按照既定的标准完成即可，产品性能不存在很强的干扰性。虽然"果链"内部之间仍然存在信息交换的关系，但仅仅是一种听从式合作模式、指令形式的信息交流而不是创新式的协同发展，此种合作模式限制了下游企业的持续创新与变革。模块化的分布使富士康化在各个地区逐步蔓延，且现有的富士康化现象在我国很多产业均有分布。

2. 资本的逐利性

追逐成本的最小化，使企业在区域性范围内甚至是全球范围内寻找最低价的生产要素，包括劳动力、土地等，这样使得核心环节与加工环节分离符合企业的逐利性，核心环节留在本土可以建立良好的技术壁垒，保持企业乃至整体产业的长久竞争优势。一种精密仪器或者高科技产品的形成通常来说，涉及生产、加工、分装、流通等多个环节，而在产业资本追求土地、劳动力最廉价，也就是成本最低的意愿下，局部产业链就会发生区域性甚至全球性的转移。

3. 规模经济的益处

以"果链"企业为例，正是因为苹果公司在世界范围内拥有如此众多的忠实用户，产品零部件加工的区域转移才拥有了规模效益，不仅如此，苹果手机的每一次更新换代在消费市场便能引起"果粉"的狂热追捧，愿意为新的产品系列买单，简而言之就是拥有强大的用户号召力。同一行业的中小微企业无法和头部企业的用户号召力相提并论，也就无法形成"模块化"区域分工甚至全球分工。后发国家要承接先进国家的产业转移，也存在一定的转移门槛，也就是被转移方必须拥有廉价而充足的生产要素、稳定而和平的发展环境以及有效的管理制度，这些均是实现规模经济的前提条件。

（三）富士康化的现实危害

1. 从业人员综合素质难以提升，劳资矛盾突出

从业人员较低的基础薪资，使自身自愿通过加班而获取更高的报酬，长时间从事这种简单而重复的工作，从业人员无法提升自己的综合素质，且高压的工作环境使劳资矛盾频发，员工在企业中无法找到自我的实现意义，扼杀其在工作成长历程中的工作积极性、创新精神与自我满足感，加班式的运作模式和军事化的管理模式使得企业可以积极响应上游的要求，却难以培养出综合性的高级人才，这种企业管理模式不利于个人的长久发展，年轻人仅

依靠繁重而简单的体力劳动获取报酬,产业高级人才也无法在实践中逐步培育。一旦产业进行技术升级或者结构性调整,也会出现大规模的失业,在社会层面出现大量的民生问题,且富士康运营模式下的从业人员虽然处于城市,却难以拥有户籍制度。虽然自从19世纪60年代,也就是电气革命之后,世界先进国家掌握新技术的方式就是从科学实验中获取,而不是生产实践,但是富士康化在这两个方面都没有助益。

2. 下游产业难以进入核心技术环节,外部依附性强

类似于富士康的企业,依附于核心产业链,要想突破进入核心产业,面临非常大的技术壁垒和威胁,企图破除原有的技术壁垒必然产生生存危机,即使通过劳动密集型的模式赚取非常可观的营业收入,也无法激发其进入核心部门的野心和追赶欲望,既有的营业利润使企业处于营收的"舒适区",也存在创新悖论。富士康化的企业要想创新,必然要与上游企业进行直接的市场竞争,则自己的主营业务便会丢失,相对固化的交易关系使下游产业进入"富士康陷阱"。产品模块化而非集成化的发展模式为富士康等企业带来了谋求生存发展的机遇,在快速响应方面保持极强的市场竞争力成为"果链"的一环,顺应电子产品更新速度快、生命周期短的特性,富士康在代工方面具有自己灵活的调配优势,借助于低底薪+加班的模式可以控制员工的工作时长,利用政府提供的低土地成本进行职工住宿安置,职工宿舍将员工集中管理,可以任意延长或缩短工作时间而减少调度成本。

3. 扭曲生产要素配置的恶性竞争,产业升级存在困境

就我国的企业发展的实际情况来说,我国经济发展的外向型导致形成沿海这一经济带,沿海省份拥有得天独厚的发展优势,而内陆各个省份为弥补运输劣势而带来的经济发展不足,将本土的政府公共资源以各种形式进行补贴,从而为类似的富士康化企业提供无差别的产业转移基地,此种产业政策的推进行为扭曲了各类生产要素的原有价值,类似的企业在内陆地区拥有了非常大的选择自由,制度因素成为"富士康"广布的主要因素,这也是诸侯

经济的一种特殊体现,诸侯经济是地方分权过大而产生争夺市场的恶性竞争行为,这也是新时期需要推行"全国一体化市场"的侧面印证。以新能源汽车行业为例,锂电池所需要的锂矿,就全球资源范围来说,多分布在南半球,北半球锂矿资源稀少,地方对新能源汽车资金的疯狂投入,势必哄抬锂原料的价格,稀有资源引发地方产业的对立,产生恶性竞争。

三、日美产业赶超式创新的历史发展借鉴

(一)中、日与美国进行追赶式创新的历史差异

在分析中国高技术制造业之前,根据国内外经验回顾高技术产业政策的发展和经济走势,有助于在时间维度剖析现有的发展路径,找准产业的自身定位,确认创新的切入口,避免产业发展陷阱和弊端。在部分产业经济学研究者之间,存在一个共识:后发国家(经济体)的产业发展路径是先发国家(经济体)的给定现象。但是准确来说,西欧各国在实现经济发展之前也是发展中国家,20世纪70年代之前的日本和建国初期的美国同样存在一段时间的落后,也就是发展中国家阶段,产业发展的步伐总是循序渐进的。而在日本与美国进行贸易摩擦和追赶式创新的过程中,国家产业政策发展的经验和教训,对于中国现阶段发展高技术产业具有很大的借鉴性。产业政策的研究结构,一般用到的研究方法就是从时间维度出发,针对产业支持对象的演变规律把握产业发展规律。在中华人民共和国成立初期,产业政策扶持的煤炭和钢铁行业是发展本国经济的需求,推行生产主义的经济政策,避免陷入生产停滞的发展状态,但更为重要的是,同时也为发展其他的工业部门和丰富产业结构提供前提条件。在钢铁和煤炭等产业实现发展以后,政府已有的

投资就必须进行收支平衡的考虑，难以从政府获得扶持的企业从计划经济的发展模式进入市场经济，就必须提高生产效率，获得市场竞争力。

总体来说，日本在20世纪70年代开始推行日元国际化战略，经历20年的高速发展后，在90年代经济泡沫开始破裂，在经历经济萧条后日本也重新调整自己的战略，以日元的区域化代替国际化，在避免激烈国际冲突的同时，积极发展具有自我优势的产业。日本经历20年的高速发展成为世界领先经济体，并且在此后的时间里，GDP增速逐步放缓，被学术界称为"日本失去的20年"，但是这20年仅以日本国内的GDP增速作为衡量标准有失偏颇。日本限于自身国土面积狭小，较小的国土面积既无法保证自己在产业发展上所需的资源禀赋，也无法保障军事上的战略纵深，以日本近10年的经济数据GNP（美元）为基准，其所占比重与国内GDP几乎持平，日本海外投资的财富在明显地上升，从贸易立国转向到投资立国，从国内基础建设投资转向海外建设投资，且日本在汽车行业、半导体行业所取得的成就仍然领先于世界，日本这20年并没有彻底失去。以日本作为产业研究的比较对象，原因如下：一是两国同属于东亚国家，并且最为积极地推行产业政策，经济民族主义比较高。二是中日两国在推行产业政策过程中，产业分工体系和技术发展路径存在较大的差异，以两国的产业实证实施效果进行比较，可以吸收借鉴发展经验。

（二）日美追赶式创新产业政策的经验与教训

日美摩擦从20世纪50年代开始，贸易摩擦针对的产业对象从初级产业逐步进阶到高技术产业，具体摩擦过程如图3-3所示。区别于中美贸易摩擦涉及行业的针对性，而日美贸易摩擦具有很强的阶段性，美国和日本在行业发展阶段具有极大的同质性，技术迭代呈现出一种互相追赶的态势，日美在角逐的过程中，大约双方能够通过10年的技术积累进行反超与再反超。而中美之间的行业基础差距大，从2018年中美贸易战开始便不是依次递进的，直接涉及医疗、航空、精密仪器、新材料等一系列高端产业，是一种直击咽喉式进攻，这是现阶段我国发展高技术产业所能看到的区别。相比于日本来说，这种差别式进攻的原因有两个：一是由于中美之间产业结构的差异化；二是中国近百年来弯道超车式发展的成就速度之快。

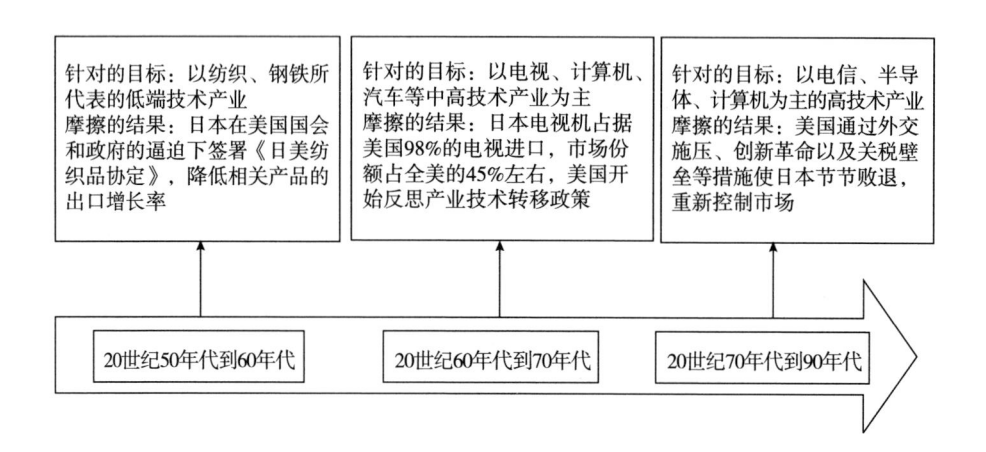

```
┌─────────────────┐  ┌─────────────────┐  ┌─────────────────┐
│ 针对的目标：以纺  │  │ 针对的目标：以电  │  │ 针对的目标：以电  │
│ 织、钢铁所代表的  │  │ 视、计算机、汽车  │  │ 信、半导体、计算  │
│ 低端技术产业     │  │ 等中高技术产业为  │  │ 机为主的高技术产  │
│ 摩擦的结果：日本  │  │ 主               │  │ 业               │
│ 在美国国会和政府  │  │ 摩擦的结果：日本  │  │ 摩擦的结果：美国  │
│ 的逼下签署《日美  │  │ 电视机占据美国98% │  │ 通过外交施压、创  │
│ 纺织品协定》，降  │  │ 的电视进口，市场  │  │ 新革命以及关税壁  │
│ 低相关产品的出口  │  │ 份额占全美的45%   │  │ 垒等措施使日本节  │
│ 增长率           │  │ 左右，美国开始反  │  │ 节败退，重新控制  │
│                 │  │ 思产业技术转移政策 │  │ 市场             │
└─────────────────┘  └─────────────────┘  └─────────────────┘
        ↑                   ↑                    ↑
┌──────────────┐    ┌──────────────┐    ┌──────────────────┐
│20世纪50年代到 │    │20世纪60年代到 │    │20世纪70年代到90年代│
│60年代         │    │70年代         │    │                  │
└──────────────┘    └──────────────┘    └──────────────────┘
```

图 3-3　日美产业贸易摩擦时间流程

日美贸易摩擦，对于中国的产业政策发展来说，可以吸取的经验主要有四点，其中最重要的一点就是要保持在政治外交上的独立。此外，关于高技术产业发展的经验还有以下三点：一是将产业发展的着力点从对外竞争转移到国内民生，侧重于医疗卫生、生命科学、电子通信等领域，致力于解决国内的老龄化所带来的民生问题，这样的产业布局使得日本在这些行业取得差异化竞争优势，并且避免社会问题所带来的产业动荡。二是将涉及高技术产业的通用技术进行升级，如机器人技术、节能技术、自动化技术等，在制造业行业追求降低单位能耗和资源回收，以技术革命推动能源革命，为后来的高新技术产业革命和技术反超打下基础。三是在全球范围内推进合作式创新，而非你死我活式的产业竞争，技术和科技合作逐步深入的日美双方，在一定程度上缓和了贸易摩擦，将创新合作战略与国家政治战略相结合，争取与同样被美国排斥的欧洲国家，成立创新合作同盟，拓宽自身的创新来源，进一步提升自己的发展水平。

同样地，在贸易摩擦与高技术产业追赶的过程中，日本也犯了不少错误：一是仅仅注意到现状下的"卡脖子"状态，忽视了技术发展路径的长远性，在反超—被反超—再反超的道路上存在中断。例如，原有领先的半导体行业被美国赶超，并没有进行二次反超。而美国将自己的高新技术产业与服务业不断深入融合，实现产业增加值的成倍提升。二是基础研究与应用研究的处理关系不恰当，简言之就是投入与产出不成正比。自认为基础研究与美国差距较大，便在研发难度大、技术攻坚周期长且成本高的基础研究方面疯狂投入，已投入的巨大研发成本却没有在市场上得到明显的产出，专注的方面远超市场的需求精度，反而造成市场竞争力的下降。而在美国能够反超日本，重新在高技术行业取得领先地位的过程中，除美国所运用的政治和外交策略外，针对发展高技术产业具有以下的借鉴：一是从机构方面为企业进行研发创新提供便利，在机制体制方面为创新提供必要条件，极大地释放研发人员的热情与积极性；二是在已有创新能力的赛道上，进一步进行升级产业技术，如卫星通信技术等，提高技术壁垒，将军用技术与民用技术深度融合，军用技术深度蔓延到制造业的各个方面，经济发展产生了叠加效应。

中华人民共和国成立后，我国也重复了日本同样的崛起路径，逐步建立比较完整的工业体系，工业结构不断完善。且在此期间，涌现出两次技术浪潮，一是以微电子技术为核心的革命，二是以信息技术为核心的革命，这两次浪潮的共同点就是以芯片为核心，芯片成为通信技术的核心载体，也是我国高技术产业需要解决的燃眉之急。追溯日本半导体产业的发展历程，可以看出我国也正在经历着与美国的贸易摩擦和产业角逐阶段。

四、案例研究：中国半导体行业的突围之路

(一) 华为的断芯——国际模块化分工的缺失

半导体行业的芯片设计，按规模与增量的不同可以划分赛道：半导体设备、IC 制造与 IC 设计环节归类于快速发展赛道，导体材料与 IC 封测环节归类于平稳发展赛道；EDA 工具与 IP 授权环节归类于战略发展赛道，设计环节是芯片行业模块化进阶门槛最低的一部分，企业选择把此模块化作为进入芯片产业的入口，开始便要面临竞争强度大的态势。就半导体行业发展现状来说，主要包括上游的软硬材料和设备、中游的设计与生产以及下游的产品与应用。就华为的芯片断供事件分析，中游的加工制造环节，在半导体设备和设计方面美国处于全球领先地位，而日本在材料环节占据主导优势，中国台湾和韩国在制造环节的精度世界领先。中国的半导体行业如果能够在任何一个模块化的环节实现世界级别的突破，具有无可替代性，便可以深入全球产业链条。就富士康化的实现条件而言，即使拥有苹果这样的终端企业，在短期十几年的时间内也无法培养出另外一个台积电来为华为供芯。因此实施超越型追赶，就要利用好产业协同的优势，发挥产业链的作用，集中力量办大事。

华为芯片使用的是半导体各个部分最尖端企业的加工部分，产品系列涉及整个高端芯片产业，包括手机芯片、移动通信系统设备芯片和传输网络设备芯片以及家庭数字设备芯片等整体芯片生态，在不断进军产业核心的过程中加大科研投入和自主研发，在芯片自主设计方面取得一定的成就，但是芯片的制造环节被台积电这个代工厂"卡脖子"，国内的芯片制造厂商质量和

精度仍然落后于台积电,华为像所有芯片设计公司一样仅参加供应链的一环,这样的企业被称为Fabless芯片设计方,而不是拥有全产业链的IDM(Integrated Designand Manufacture),也就是垂直整合制造模式,目前,就芯片这一产业而言,自身具备全产业链的芯片公司只有英特尔、三星这种大型企业,要负担IDM模式的企业需要承担较大的经营成本,产能不能时刻拉满的话,就会产生较长时间的设备空闲期、较大的厂房折旧费用,于是这种模式渐渐没落,而Fabless这种方式就是模块化的一种变形,分离设计、加工、切割等环节,在一定程度上强化了各个部分的制造能力。总体来说,我国芯片制造流程的自给化过程道阻且长,国内相关厂商的精度和质量远比不上台积电,在电子信息产业内部进行模块化分工的主要原因为成本,参与产业链条的模块化分工的企业可以有效降低进入行业的资金门槛,减少生产风险,但是要实现半导体行业的整体崛起,封测、制造、加工、设计的各个环节的整体崛起。

(二)台积电的逆袭——模块化分工的精准定位

在中国台湾实施积极的产业政策的条件下,台积电通过"分工体系重构"的创新路径克服后发劣势,最后成为半导体行业的最强晶圆厂。台积电创始人张忠谋表示:"如果既要做设计又要做制造,台积电显然无法与大型传统半导体公司竞争,最后无非是夹缝中生存的小公司。"于是创立至今,台积电一直专注晶圆代工,芯片制程由2006年的65纳米提升至2019年的5纳米。据2019年公司年报,台积电在先进制程技术、特殊制程技术及先进封装技术领域处于全球领先水平,且在2026年有望与美国合作生产3纳米晶圆。2019年通过272种制程技术,为全球将近500个客户总计生产10761种产品,市场占有率达52%。台积电模块化创新路径成功克服后发者劣势,其核心是美国科技主导下的全球产业转移背景下,全球半导体产业的价值链成功被拆分,基于成本优势的模块化市场战略逐步站稳脚跟后,逐步成为世界一流芯片代工厂。美国对台积电威胁，停止对华贸易的主要手段是技术专利壁垒，也就是前文的知识保护机制之一——专利权，这是不同于富士康的知识隔离手段。综上所述，在产业链的一环做到极致，甚至是超越同行业上下游的已有需求精度，也可以在产业链上下游产生较为强劲的谈判能力。

（三）芯恩的 CIDM 模式——国内模块化分工的创新联合

为应对模块化方式所带来的高技术制造业创新问题，打破知识隔离机制和创新"瓶颈"，借鉴中国半导体行业在芯片方面进行突围的创新路径，建立产业间的创新联合体进行技术赶超和突围，创新联合体包括政府，产业上、中、下游组件提供者，以及其他组织与部门，也就是芯恩"CIDM 模式"，即共享制 IDM 模式。此模式的提出者为芯恩创始人张汝京，指出此种创新模式一方面可以整合中小企业的长处与资源，完善全产业链，又可以减少对其他厂商的依赖，在联合体内部获得更好的利润。"创新联合体"是中国情境下"分工体系重构"的有效实现途径，即后发企业协同式整合产业上、中、下游形成创新联合体，直接为终端客户高效率地提供高品质产品，从而克服后发劣势。除了"创新联合体"的商业模式创新途径外，国内仍存在其他"分工体系重构"的实现途径，如在拆分的半导体产业链上作出价值贡献，在国内企业中进行产业模块化的合理分工，培养产业链上的精、尖、专、特。海思等专注半导体产业链的芯片设计环节，中芯国际等专注半导体产业链的芯片制造环节，新潮科技等企业专注半导体产业链的芯片封测环节，也有极少数半导体企业在半导体全产业价值链上作贡献，如华润微电子拥有部分芯片的全产业链一体化的运营能力。综上所述，芯恩的 CIDM 模式不失为一种"曲线救国"的创新发展路径。

五、本章小结

首先，本章以我国高技术制造业现状为创新分析背景，分析作为后发国家创新的动因，侧面指出发展高技术制造业的历史必要性。其次，中国作为后发国家，也具有不同于其他国家制造业创新的"中国悖论"，这是基于中国国情发展差异化的具体体现，同时，政府不管是否作为产业政策的第一责任人，在实施产业政策时要注意"政府"与"市场"关系。以富士康企业作为负面案例，引出中国类似产业模块化陷阱的危害以及实现条件。最后，为寻求解决方案，从国内、国际两个视角探究高技术制造业创新能力提升的路径，在国际视角借鉴日美产业追赶式创新的经验与教训，在国内以华为、台积电、芯恩创新经验作为参考，从而为下文寻找创新路径、建立指标体系提供铺垫。综上所述，"联合创新"和"差异化"需求是后发国家高技术制造业突围的有效创新路径。

第四章　数字经济下青岛市高技术制造业集群创新机理与路径分析

一、数字经济下青岛市高技术制造业集群创新机理分析

实践发展中的数据类型多种多样，且分类方式众多。但是就高技术产业数据而言，高技术制造业不同于传统的制造业，传统制造业数据的不当利用所能造成的较大危害体现在企业恶性竞争、市场秩序紊乱等方面，而高技术制造的行业数据涉及民生安全、国防安全和政治安全等方面，高技术制造业的数据主要分为三个方面：一是军用数据；二是商用数据；三是民用数据。军用数据和民用数据存在明显的界限，军用数据具有很强的保密性，了解的人群和社会公众范围非常窄，而民用数据和商用数据虽然对于数据安全性的要求比较低，但是比军用数据使用的广度和范围更为广泛，为自己的经济应用领域创造了更具有普惠性的成果，但是安全性问题不可忽视。军民双轨制在我国军工产业刚起步的时候，发挥了一定的政策正确性，但是在如今的经

济系统内部，军民双轨制的落后发展模式难以适应现有的经济发展模式。以我国的电子元器件为例，严重依赖军工项目维持生计，已有民用企业的组织结构和技术不断更新，完全有能力承接军民产业的业务，但是民用产业的企业架构中涉及众多的国外技术和应用，数据安全和信息安全这一问题未得到彻底解决，使既有的军工产业无法与民用企业结合，军民产品和项目面临严格的审查和监督，申请基准要求高，对于一般的民用企业来说，订单少而周期长，从而使民用企业想要进入军工产业时，面临较高的门槛、较少的利润率，使其进入的意愿比较低。且根据高技术制造业的行业性质来看，科研投入占非常大的比重。

高技术产业集群涉及我国航天、医疗、通信、交通等关键领域，关键领域的监督和管理事关国家建设，政府的数字治理能力和数字政务处理能力是进行产业集群数字管理的前提，针对数字经济刺激和影响高技术产业集群创新的路径，政府要进行妥善的数据治理、体系规范以及体制完善，高技术产业集群内部创新渠道的合法合规性、数字资产以及知识产权的管理和数字成果的分配的普惠性都事关高技术制造业的未来发展。数字技术对于产业集群内部的整体影响包括两个方面：一是数字鸿沟持续性拉大，无法将均衡性和普惠性进行彰显，率先夺得数字经济发展先机的高技术制造业凭借先发优势会持续性增长，逐步在市场内部站稳脚跟，这是产业内部竞争的正常现象，但是数字经济会带来行业垄断，植根于数字要素而发展，而利用数字平台进行要素垄断，会造成行业垄断，产业内部出现排新化，影响整体产业的升级和创新，如红极一时的柯达胶卷，由于排斥新产品——数码相机而破产。如果是同一地区的高技术制造业集群可能造成地区发展的不均衡，而在全国范围内，可能导致地区发展存在差距。二是产业格局的改变，数字经济所带来的信息的高效交流，可以使企业更好地进行市场定位、基础研发、产品生产，创新发展新的商业模式，提升产品质量以精准应对市场需求，新的一轮技术更新，可以使产业集群内部的企业分化。

通过分析可以总结出，模块化的生产方式虽然存在许多的益处，但是也容易陷进知识隔离机制，知识隔离机制在企业、行业、产业、国家层面的表现分别为：企业模块化陷阱、行业进入门槛、产业上下游锁定以及后发国家低端陷阱。利用数字经济的手段进行针对性的解决，依靠数据要素价值激发、数字政府管理、数字知识产权保护、数字创新网络来提升产业集群的知识吸收能力、载体孵化能力、技术独占能力以及区域联结能力，支持产业集群内部成员之间强化知识吸收能力，进行组织学习与知识交流，集群式的组织学习有助于打破知识隔离机制，形成数字创新网络，集中力量与智慧突破发展困境，密切的技术交流和信息往来使产业集群耦合成一个有协同、有组织的创新联合体。具体流程如图4-1所示。

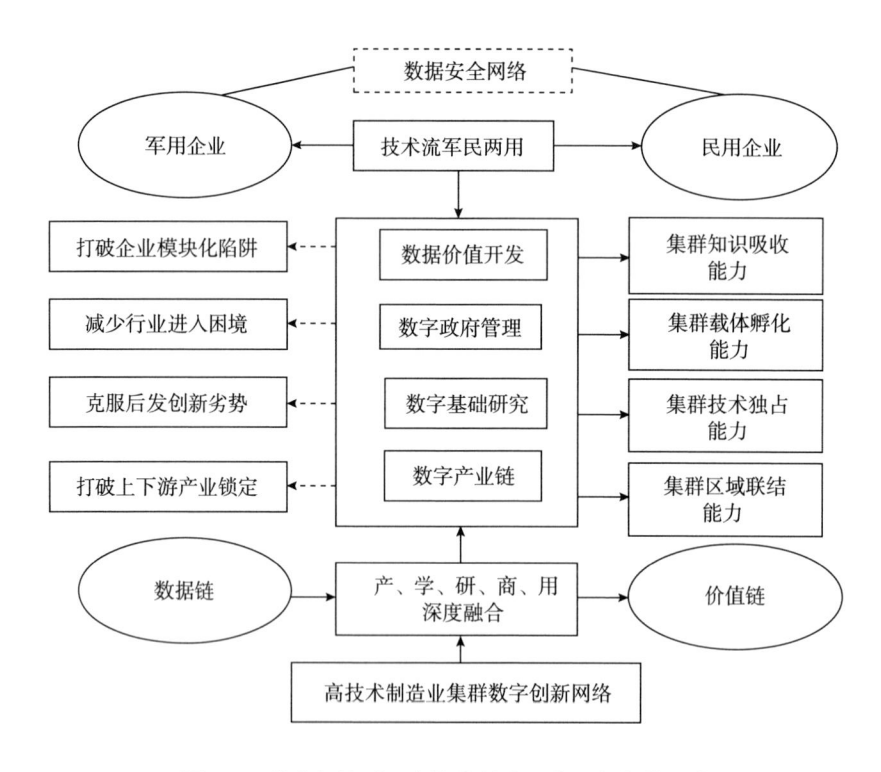

图4-1 数字经济对于高技术制造业产业创新的影响

深度挖掘高技术制造业的数据价值，利用数字安全网络保护数据的安全性，推进军民融合，丰富高技术制造业集群创新的原材料，再将数据链开发为价值链，促进产、学、研、商、用深度融合，形成高技术制造业集群的数字创新网络。

（一）数据要素价值开发促进业务流程破除模块化陷阱

模块化带来了知识隔离机制，知识在产业链存在隐性知识和显性知识，显性知识借助于各种信息渠道易于传播，隐性知识存在吸收壁垒，产业链合作模式的不同在根本上由知识的联结模式决定，集群内部的产业协作分工也是由此而来。提取数据要素的有效信息，抽象凝结为知识，不限于历史数据的逻辑分析和教训吸取，也不限于生产、设计、研发环节的数据可视化，利用数据要素的及时、有效、高质量汇纂，为现有的问题提供解决方案。单一模块化的创新活动，可以在模块化内部深耕细作，提升自己的差异化优势，处于单一模块化的企业如果想要在产业链上下游前进，可以在模块间的标准接口和界面处实施"再集成"，以知识边界打破产业协同的物理边界，将原有的模糊的、隐性的知识内化吸收，使企业由单一的生产模块化向设计模块化转型，以单一环节牵动产业链协同，提升在上下游合作间的话语权。

（二）数据政府管理降低高技术制造业行业门槛

高技术制造业不同于传统制造业的显著特点就是依赖于研发创新，企业进入一个行业通常面临较高的行业准入门槛，因此，虽然华为和台积电进入了半导体行业，但也仅从事单一环节的分工。在降低高技术制造业门槛时，政府可以提升自己管理的数字化水平，避免产业政策施行的滞后性，坚持"胡萝卜"与"大棒"双管齐下，提升管理效率，及时淘汰不良企业，在数字金融覆盖、数字基建补贴、数字化转型等方面为中下游企业降低限制，积极引导其在模块化分工的某一环节做到极致，以"差异化战略"应对"再集成战略",提升产业链集成成本。

(三) 数字基础研究和应用转化促进技术积累

借鉴日美贸易摩擦的历史经验和教训,加强基础研究,注重应用成果转化。不持续性的基础研究会导致再次被"卡脖子",在"卡脖子"问题未能及时解决之前,坚持研发产业发展应用的通用技术,如数字技术、人工智能、物联网等,在基础研究上打好基础,后期可以激发产业创新的叠加效应,并且注重将研究成果在恰当的时机进行转化,为研发提供市场需求,利用数字知识产权保护,建设完整的创新体系,促进技术不断积累。

(四) 数字产业链促进上下游协同

模块化由两种可选择的实践来进行知识隔离:一是跨位置的精细切片与位置内的高级知识分解相结合。二是位置之间的精细分割,位置之间的知识交换高度依赖信息传递。产业链信息交换和沟通的过程中,借助于数字化的手段进一步形成密切协作的数字创新网络,核心企业辐射、带动中小企业,集群的先发地区带动、协调后发地区,以产业链的分工、转移为纽带,带动知识溢出、整合、位移。高技术制造业的模块化分工带动全产业链落地,孵化产业园区和经济带,产业链的协同发展可以避免国际分工的缺失,促进各个环节齐头并进。

二、数字经济下青岛市高技术制造业集群演化趋势

结合生产系统理论,以高技术中枢企业作为创新系统的聚集中心,创新族群的资源作为能量,价值群落不断生长,创新生态系统由物种自我演化向

着族群协同交互演化推进，达到高级的系统竞合共生演化，生态系统的生命力被不断地激发，主要分为三个阶段，如图4-2所示。

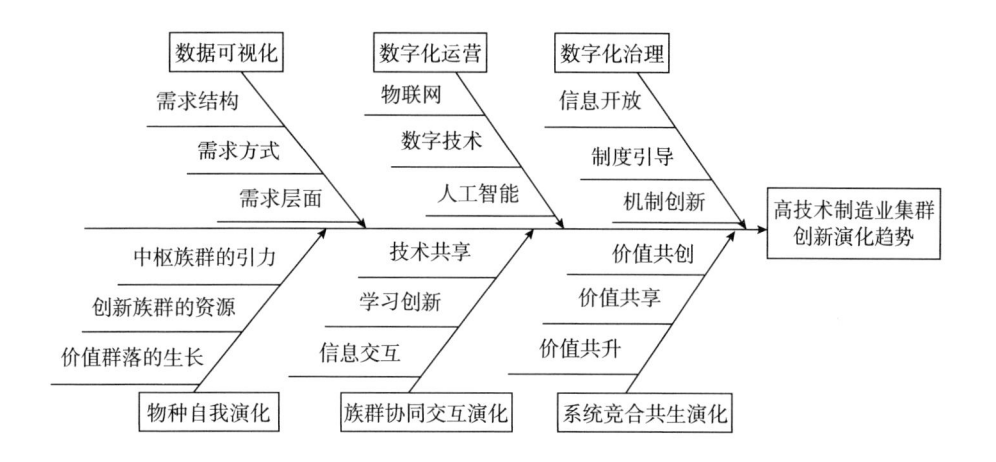

图4-2 数字经济影响下的高技术制造业集群创新趋势鱼骨图

（一）第一阶段——物种自我演化

高技术制造业创新生态系统的第一阶段，以中枢企业为中心，在地理位置和虚拟网络中形成发展聚集地，在这个过程中，中枢企业的吸引力和赋能能力是系统进步的原始动力，周围的系统群落零星出现，以中枢企业的流量、平台、渠道为上升空间，依赖于中枢企业的资源，生态群落开始形成，不断进行物种的自我演化。

（二）第二阶段——族群协同交互演化

高技术制造业创新生态系统的第二阶段，中枢企业的数量逐步增多，围绕中枢企业不断形成多个生态群落，各个生态群落所成就的价值存在非均衡性，族群之间进行知识共享、信息开放，从而进一步壮大。在外界环境和市场竞争的淘汰下，生态群落中的价值群落会逐步升级，其余群落会被兼并或者淘汰。

（三）第三阶段——系统竞合共生演化

高技术制造企业创新生态系统的第三阶段，价值群落继续生长，在价值共创、共享、共升的过程中，创新生态系统之间进一步耦合，在信息、技术、成果获得的过程中日益密切，整体表现出来一种既有竞争又有合作的共生关系，相互依赖，协作成长，且展现出有边无界的状态。

高技术产业集群的创新生态系统阶段是由低级向高级不断演化的，而数字经济为高技术产业集群提供的服务可以贯穿于全系统，在中小微企业甚至是供应商发展的低级阶段，服务的手段主要是数据可视化、市场定位、寻求价值伙伴等；而在产业协同交互演化的中级阶段中，服务的主要手段是数字化运营、建立产业战略联盟；在系统竞合共生演化过程中，为系统提供数字化治理，保证系统高效地、安全地运转。

在产业集群创新生态系统演化的过程中，市场中的差异化需求、技术创新、环境优化是价值群落生长的外界条件。差异化需求体现在需求结构、需求方式、需求空间三个方面，可以借助于数字化技术和算法精准服务于市场；技术创新包括通信技术和数字技术等信息处理技术，除精准服务市场外，数字化运营可以为高技术产业的各个环节提升处理速度和精度，如高技术产业研发的过程中，可以对已有的数次研究环节的失败数据进行价值分析和可视化，从而探寻规律和研究路径；数字化治理涉及制度引导、政策保障、机制创新等方面，各级治理主体针对数据治理、数据产权纠纷、资产评估、产权保护等问题，助力建设数据法律体系和体制，完善专业化处理流程，提高数字服务机构的质量，为数字经济产业发展提供保障。

三、数字经济下青岛市高技术制造业集群创新路径

我国作为后发国家,本身存在创新基础薄弱的问题,模块化的生产方式虽然存在许多的益处,但是也容易陷入模块化陷阱,造成上下游之间的知识隔离机制,造成整个产业创新能力和竞争力难以提升。针对四个层面的创新问题,为避免模块化陷阱可以让企业实施强调知识的差异化战略,强化技术研究与应用研究以克服后发劣势,培育专、精、特、新的模块化冠军以降低行业进入的门槛,促进产业链耦合和知识传播以防止上下游锁定,可以从知识吸收、技术独占、载体孵化、区域联结四个方面入手,进而提升集群整体的创新水平。如图4-3所示。

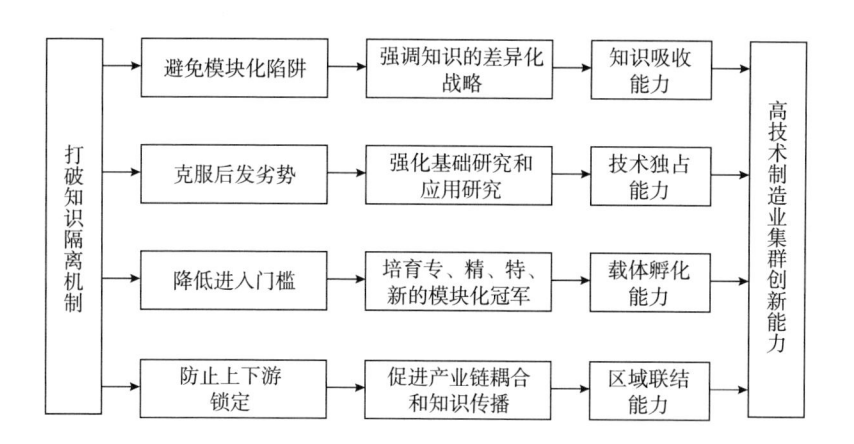

图4-3 高技术制造业集群创新能力评价框架

根据系统动力学的相关知识,为破除模块化陷阱所带来的知识隔离机制,建立数字经济下的高技术制造业集群创新系统,进一步阐明数字经济与高技

术制造业集群创新能力之间的逻辑关系。将高技术制造业集群创新能力作为状态变量、创新的正反馈水平作为速率变量，正反馈水平不断提升时，导致集群创新能力的积累，创新的负反馈水平也作为速率变量，与整体创新能力形成负反馈回路。具体如图4-4所示。

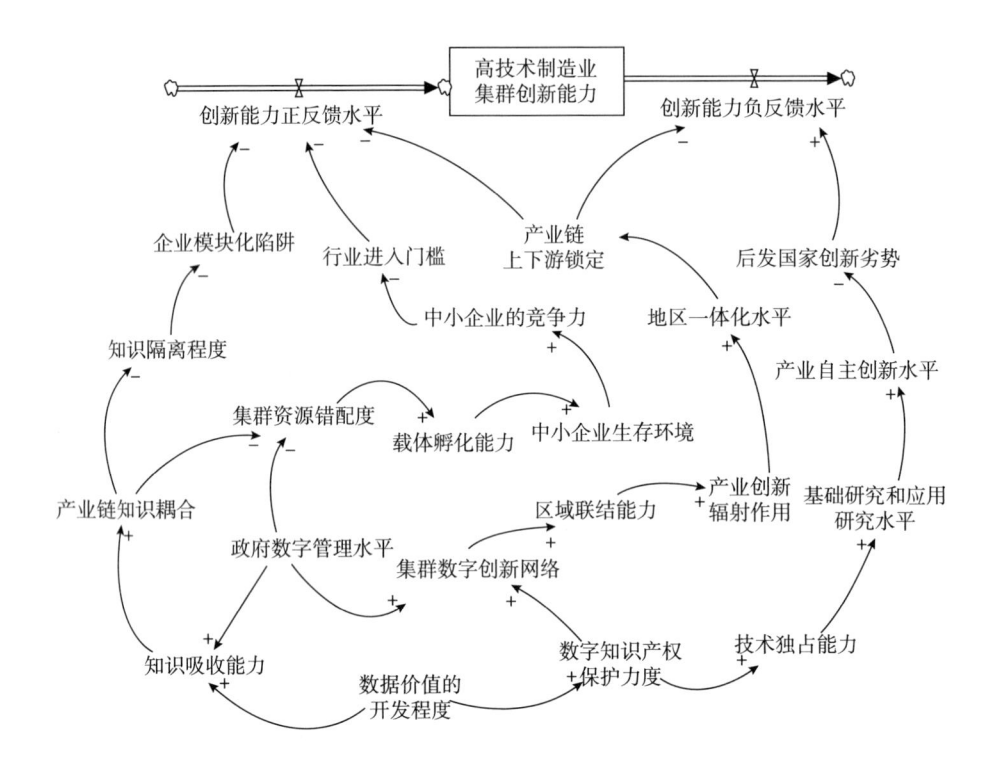

图4-4 数字经济下高技术制造业集群创新系统因果流图

在提升高技术制造业创新系统的流程图中，关于数字经济提升创新能力、破除知识隔离机制的路径主要有四条：

（1）在第1条因果回路中，如图4-5所示，数据价值的开发程度↑→知识吸收能力↑→产业链知识耦合程度↑→知识隔离程度↓→模块化陷阱危害↓→创新能力正反馈水平↑→高技术制造业集群创新能力↑。此条创新路径针对的是企业层面的模块化陷阱，将数字经济发展中的核心要素——数据，经过数字化技术的处理，提取核心数据要素中的价值，深化产业集群内部的知识吸收能力，避免被知识系统所隔离，降低模块化陷阱的危害，从而提升创新能力的正反馈水平，提升高技术制造业集群的创新能力。

地区一体化水平 ——— 产业链上下游锁定
知识隔离程度 ——— 企业模块化陷阱 ——— 创新能力正反馈水平
中小企业的竞争力 ——— 行业进入门槛

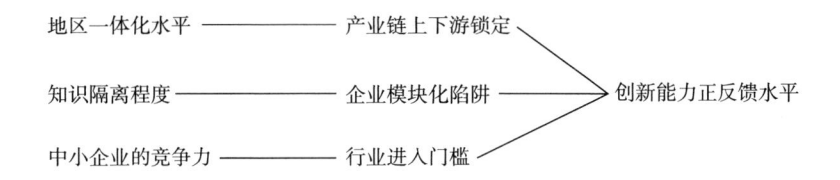

图 4-5　创新能力正反馈水平树状图

（2）在第 2 条因果回路中，产业集群数字网络↑→区域联结能力↑→产业创新辐射作用↑→地区一体化水平↑→产业上下游锁定程度↓→创新能力正反馈水平↑→高技术制造业集群创新能力↑。此条创新路径针对的是产业链上下游的模块化陷阱，利用数字基建，构建人、信息、知识相融合的产业集群数字网络，强化区域间的联结能力，推进产业创新的地区辐射带动作用，推进地区一体化水平，降低产业链的上下游锁定程度，提升创新能力的正反馈水平，数字经济下的产业集群创新不被地域空间所限制，进一步减少产业集群的空间依赖性，从而提升创新能力。

（3）在第 3 条因果回路中，数字政府管理水平↑→资源错配度↓→载体孵化能力↑→中小企业生存环境↑→中小企业竞争力↑→行业进入门槛↓→创新能力正反馈水平↑→高技术制造业集群创新能力↑。此条路径主要针对的是高技术制造业行业进入门槛问题，数字政府提升自己管理水平的同时，在降低资源错配率的基础上，可以有效地促进军民融合、促进军转民，我国部分民用企业已经具备承接军用产业的能力，但是限于军民双轨制的管理体制，两者无法有效衔接，利用数字化手段可以有效保证数据的军民融合的安全性。在资源合理配置的过程中,可以为高制造业产业中的中小企业提供较好的生存空间,从而进一步提升中小企业的竞争力,向着专、精、特、新的方向发展,保证国内产业链模块化分工的合理性,促进产业集群的创新生态形成,从而提升产业集群的创新能力。

(4)在第4条因果回路中,如图4-6所示,在不考虑重复路径的基础上,数字知识产权保护力度↑→技术独占能力↑→基础研究和应用研究水平↑→产业自主创新水平↑→后发国家创新劣势↓→创新能力负反馈水平↓→高技术制造业集群创新能力↑。此条创新路径针对的是我国作为后发国家的创新劣势,在实现产业创新能力提升的同时,要建立自己的知识产权保护体系,利用数字化技术的安全性和去中心化特性,提升高技术产业的技术独占能力,吸取日本实施追赶型创新政策的教训,提升基础研究水平的同时,注重在适当时机进行产业成果转化,提升创新成果的应用水平,提升产业自主创新水平,克服后发国家的创新劣势,从而提升产业集群的创新能力。

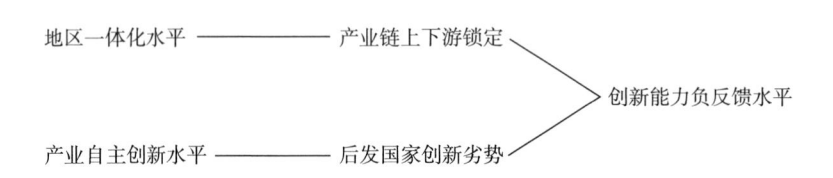

图4-6 创新能力负反馈水平树状图

四、本章小结

在总结上文高技术制造业创新的经验与教训以后,利用数字经济的发展手段针对性地解决高技术制造业在创新问题，学习芯恩、台积电的创新方式，在高技术制造业集群内部建立起一种满足"联合创新"以及"差异化需求"的创新组织，满足中小企业以及核心龙头企业的分工需求，避免模块化陷阱。根据数字经济发展中的核心要素——数据，利用数字经济安全网络促进军民技术融合，使创新数据合流，激发要素价值。针对模块化所带来的企业模块化陷阱、行业进入门槛高、产业链上下游锁定、后发国家创新基础薄弱等问题，提出相应的数字解决对策，并用系统动力学的知识，描绘数字经济下的高技术制造业集群创新能力提升的因果流图，并且分析其中各个要素之间的影响机理，同时指出未来数字经济对于集群创新的趋势影响，为下文建立指标体系提供明确的框架。

第五章　数字经济下高技术制造业集群创新能力评价

一、数字经济下的高技术制造业集群创新能力评价指标体系构建

在前文分析模块化陷阱后,利用数字经济针对性地解决企业模块化陷阱、行业进入门槛高、产业链上下游锁定、后发国家创新基础薄弱问题,利用系统动力学的方法共提取四条路径,根据这四条创新路径建立指标体系,探究我国高技术制造业集群的创新能力。

(一) 数字经济下的高技术制造业集群创新能力评价指标体系构建原则

1. 导向性原则

以高技术产业集群的创新能力提升为总目标,针对我国高技术产业集群目前的发展困境与时代背景,借鉴日美产业角逐和摩擦的经验与教训,提升我国高技术产业集群的综合创新能力,提升产业集群数据的针对性,以问题

为导向，避免指标偏离测量目标。

2. 全面性原则

为保证选取指标的科学性，全面测量高技术产业集群的创新能力，保证指标覆盖各方面，避免选择的偏颇。高技术产业集群创新能力由多种要素构成，评价体系构建需要注重指标的全面性，本书在维度和指标选取时广泛阅览、充分评估，从而保证指标体系的全面性。此外，根据要素指标与上一层维度的相关性大小，选取具有代表性的核心指标，保证维度间的独立性和维度内的相关性。

3. 可获得性原则

高技术产业集群本身的概念并不确定，现实中没有非常可量化的数据，为保证数据的可获得性，遵循数据来源真实可靠的原则，以保证创新能力评价的真实客观性，从官方统计年鉴获取数据，避免主观因素的介入，从而影响结果，定量测得各个高技术产业集群的创新能力。

4. 简洁性原则

虽然可以用来评价高技术产业集群的指标众多，但是根据解决问题的目标性和指标之间的独立性，单个影响要素排除相似和相近的多余之处，避免指标之间重叠和交叉，从而干扰测试结果，选择的指标保证之间简洁而独立，减少指标之间的共线性。

（二）数字经济下的高技术制造业集群创新能力评价指标体系内容

根据上文提取的提升高技术制造业集群创新能力的因果回路，总结四条提升高技术制造业集群创新能力的路径，并且依据此建立指标体系。

1. 知识吸收能力

为提升产业集群的新的成长空间和创新的持续性，重视其知识吸收能力，将外来的知识深化到集群内部的知识链内，并且将集群内部的显性知识和隐性知识通过产业集群进行广泛学习，成长为学习型组织。

2. 技术独占能力

为提升自身技术积累，加速高、精、尖技术的攻关，形成知识库和专利数据库，形成知识产权保护机制，克服后发劣势，提升产业集群的技术能力，从而提升市场竞争力，培育更多具有规模效益的终端企业。

3. 载体孵化能力

在高新产业集群内部，要求创新提升产业集群的技术积累能力，避免集而不群的物理堆砌，提升技术突破的效率和质量，这是高技术制造业真正发展的核心。让中小企业以及产业的其他组成部分在产业集群内部拥有发展的土壤和成长的环境，提升产业集群的载体孵化能力。

4. 区域联结能力

有效信息沟通和学习的过程，也可以进一步提升产业集群的区域联结能力，提升一体化进程，扩大一体化影响，避免模块化带来的知识模糊和知识隔离，容纳更多的经营体进行高技术产业集群。集群创新是企业克服自身创新短板、打破知识隔离机制的有效途径。

为科学、合理地衡量我国高技术产业集群的创新能力，从产业创新能力、园区关联能力等方面对我国高新园区进行集群培育能力评价，从知识吸收能力、技术独占能力、载体孵化能力、区域联结能力4个维度19个二级指标建立评价体系，具体指标如表5-1所示。

表5-1　高技术制造业集群创新指标体系

目标层	一级指标	二级指标	单位
集群创新能力	知识吸收能力	组织技术转移培训数	次
		技术交易合同额	万元
		国家技术转移示范机构数	个
		大学科技园数	个
	技术独占能力	重大项目技术转移项目成交量	个
		当年形成行业或国家标准项	项

续表

目标层	一级指标	二级指标	单位
集群创新能力	技术独占能力	基础理论和应用技术成果数	个
		集群拥有注册商标	个
		集群拥有有效发明专利	项
	载体孵化能力	科技企业孵化器数	个
		高新园区内总产值	千元
		战略性新兴产业技术成交量	项
		国家级生产力促进中心数	个
		众创空间数	个
	区域联结能力	软件产业基地	个
		集群创新型产业数	个
		火炬特色产业基地	个
		产业组织联盟数	个
		国家级高新区个数	个

(三) 数字经济下的高技术制造业集群创新能力评价方法选择

1. 区位熵法

区位熵,又被称为专业化程度、专业化率,通过比较各个地区之间的熵值高低来确定其在地理上的集中度,用它来表示产业在某一地区的地理聚集程度,如果高新技术产业在此省份的熵值大于1,则表示高新技术产业在此地区聚集小于1,则代表高技术产业在此地区比较分散。其计算公式为:

$LS = (E_{sj}/E_s) / (E_j/E)$

其中,LS 为区位熵值;E_{sj} 表示 s 省份 j 高技术产业总产值;E_s 表示 s 省份所有产业的总值,E_j 表示省份 j 高技术产业总产值,E 表示全国工业产业总值。

2. 熵值法

熵值法是一种利用客观给予权重的方法,能够避免主观赋予权重的影响,减少人为客观因素的干扰。具体计算步骤如下：

（1）数据归一化处理：

正（负）向指标：$y'_{ij} = \pm \dfrac{Y_\eta - \min\{Y_j\}}{\max\{Y_j\} - \min\{Y_j\}}$（$i$ 表示年份，j 表示指标）

（2）i 省份 j 指标的权重：

$$Z_{ij} = \dfrac{Y_\eta}{\sum_{j-1}^{n} y'_\eta}$$

（3）信息熵和信息熵冗余度测算：

$$E_{ij} = -A \times \sum_{i=1}^{n}(Z_{ij} \times \ln Z_{ij})$$

$$D_{ij} = 1 - E_{ij}$$

（4）指标权重：

$$T_{ij} = \dfrac{D_{ij}}{\sum_{j-1}^{m} D_{ij}}$$

（5）单个指标的权重：

$$W_{ij} = T_{ij} \times y'_{ij}$$

3. 引力模型

引力模型的原型来自艾萨克·牛顿的万有引力定律，公式为 $F = GMm/r^2$，其中，r 表示两个物体之间的距离，F 表示两个物体之间的引力，而 m 为常数，G、M 为两个物体之间的质量。后来众多的学者将引力模型不断地变型，Tinbergen（1962）和 Poyhonen（1963）以牛顿经典力学的万有引力公式为基础，在经济学领域做了延伸研究，提出了一个比较完整且简便的经济学模型——引力模型，认为两个经济体之间的贸易流量与各自的经济规模（通常用 GDP 替代），并且在后来的众多实证研究中得到证实。同时，随着经济地理学家的关注，引力模型被广泛应用于各类文献之中。在空间距离构成的研究中，可使用准确的数据，如工业、农业、交通、经济网络来考察区域间的经济联系。根据康维斯断裂点，任意两个城市之间的引力模型为：

$$F_{ij} = \frac{\sqrt{d_j v_j p_j d_i v_i p_i}}{d_{ij}^2}$$

其中，d_{ij} 表示城市 i、j 之间的距离，v_i、v_j 分别表示城市 i、j 的经济发展水平，p_i、p_j 分别表示城市 i、j 的人口数。

4. 核密度法

核密度估计（kernel density estimation）是在概率论中用来估计未知的密度函数，属于非参数检验方法之一，由 Rosenblatt（1955）和 Emanuel Parzen（1962）提出，又名 Parzen 窗（Parzen Window）。Ruppert 和 Cline 基于数据集密度函数聚类算法提出修订的核密度估计方法。基于有限的样本推断总体数据的分布，因此，核密度估计的结果即为样本的概率密度函数估计，根据估计的概率密度函数，可以得到数据分布的一些性质，如数据的聚集区域。

（四）数字经济下的高技术制造业集群创新能力评价数据来源

本书针对高技术产业集群创新能力评价使用两套数据：第一套是指标体系中涵盖的数据，覆盖我国 31 个省份（不包括港、澳、台）内的 2016~2020 年的高技术产业数据，为提升数据的针对性，仅选取与高技术制造业的经济数据进行分析，而不进行其他产业数据进行佐证创新能力，数据来源于历年的《中国高技术产业统计年鉴》以及《中国火炬统计年鉴》，其中《中国火炬统计年鉴》是科技部火炬产业开发中心针对高技术产业而形成的统计数据，相对于《中国高技术产业统计年鉴》，数据侧重于高新技术产业园区建设、产业孵化以及集群培育；第二套是我国高技术产业园区的地理经纬度数据，为提升文章的可读性和数据可视化能力，利用 Arcgis 以及 ArcScence 进行地理位置呈现，根据我国国家开发区参考名单中国开发区审核公告目录（2006 年版与 2016 年版），其中涉及 3072 个不同类别和层次的经济开发区，剔除其中的保税区、非高技术产业园区等，保留 382 个高新技术产业园区，作为后续地理数据处理的基础。具体数据见附录二。

二、数字经济下的高技术制造业集群创新能力评价过程

本书根据高技术产业园区进行高技术产业集群的地理定位，高技术制造业集群基本位于我国地理分界线——胡焕庸线以东，尤其是我国的东南沿海地区，在长三角地区、京津冀地区、珠三角地区的集聚效应尤为明显，除东南沿海这三个地方外，还包括川渝以及湖南省的中部地区，我国高技术制造业集群在全国范围内部分布比较分散，为联结成片，东北部地区与中西部地区分布较少，存在地区发展差距较大的现象。其中在分布地区，数长三角地区的发展水平最高。根据历年《中国火炬统计年鉴》的创新性产业集群分类，大致了解京津冀集群主要集中于移动互联网、轨道交通、新能源、高端装备等行业，而长三角集群主要集中于生物制药、新能源汽车、光伏、新材料方面，而珠三角集群主要集中于互联网、云计算、智能装配方面。

根据表5-2各个省份高技术产业园区的聚散状态和发展水平，其中北京、上海、广东三个省份的高技术制造业发展水平领先于全国，单位高技术制造业贡献值高于工业产业增加值，且区位熵值>1表示该地区单位高技术制造业产值的贡献值高于单位工业产值，高技术制造业在此地区发展水平超越其他行业的一般水平，地理位置又可以表示在地区内部存在一定程度的聚集。基于改进的引力模型研究地区内经济联系和产业协同发展关系，为借鉴和学习先进地区的发展经验与创新路径，并且结合产业集群的特征和地理行政区划，选取长三角、珠三角和京津冀高技术制造业集群作为案例分析对象，探究其创新能力、创新模式以及创新路径的独特性。根据我国2020年的地区高技术工业产值以及地理分布，利用区位熵法，测算我国高技术园区的发展水

平与空间聚集状态，我国各省份的高技术制造业主要分为四种状态：第一类是团簇集聚型，包括三个省份，单个高技术园区的贡献为北京>上海>广东，产业园区在地理位置上呈现出聚集的状态，尤其是长三角产业集群，网络连接密集，区域辐射带动性强，经济贡献比例高，且单个产业园区发展质量良好，此种状态是集群发展的理想形式；第二类是聚而不群型，相对于第一类来说，这一类在地理空间上的确是聚集状态，但是集群内部发展质量仍需提升，创新活力需要进一步提升，包括江苏、山东、陕西、重庆、湖北、广西、吉林在内的七个省份，单个高新技术园区的贡献甚至不如分散型的产业园区，经济产出比较低，需要进一步提升高技术制造业的发展能力；第三类是卫星协同型，产业园区在地区内部均匀分布或者无明显聚集，单个园区自我发展良好，发展质量甚至超越聚而不群型的园区，具体包括天津、浙江、安徽、四川这四个省份，从严格的经济意义上考虑，不能称之为集群。但是，这些省份有潜力成为我国领先高技术制造业集群；其余省份的高技术制造业园区仍需在聚集状态和发展质量上进一步提升，既在空间上不聚集，且发展水平较低。

表5-2 数字经济下的高技术制造业集群创新能力省际发展状态

单位：亿元

省份	区位熵值	聚散状态	单个高新技术园区贡献
北京	3.61	聚集	12460.96
上海	1.82	聚集	6935.12
广东	1.30	聚集	2970.55
天津	0.57	分散	1947.41
江苏	1.11	聚集	1901.10
浙江	0.82	分散	1898.15
山东	1.07	聚集	1558.70
陕西	1.46	聚集	1513.68

续表

省份	区位熵值	聚散状态	单个高新技术园区贡献
重庆	1.04	聚集	1489.57
安徽	0.88	分散	1408.07
湖北	1.87	聚集	1405.35
四川	0.95	分散	1300.07
广西	1.18	聚集	1259.41
吉林	2.12	聚集	1216.38
湖南	0.92	分散	1170.71
山西	0.41	分散	1121.35
福建	1.04	分散	1093.49
江西	1.23	分散	1000.10
云南	1.27	分散	901.29
河南	0.41	分散	847.80
黑龙江	0.92	分散	793.94
内蒙古	1.11	分散	757.31
甘肃	0.79	分散	736.36
贵州	0.39	分散	730.32
河北	0.34	分散	643.84
辽宁	0.63	分散	511.87
海南	2.68	分散	367.09
新疆	0.34	分散	333.06
宁夏	0.20	分散	105.70
青海	1.18	分散	53.68
西藏	0.00	分散	0.00

（一）数字经济下的我国三大高技术制造业集群创新能力分析

利用熵值法对2016~2020年统计年鉴的数据进行集群测度，如表5-3所示。

表 5-3 我国高技术制造业集群创新能力评价

类型	高技术制造业集群	2016 年	2017 年	2018 年	2019 年	2020 年
综合创新能力	京津冀	2.23	2.59	2.09	2.08	2.02
	长三角	4.31	5.46	5.23	5.53	5.51
	珠三角	2.45	2.45	2.45	2.45	2.45
知识吸收能力	京津冀	1.19	1.10	0.92	0.87	0.87
	长三角	1.48	1.88	1.81	1.99	1.96
	珠三角	0.63	0.67	0.97	0.86	0.94
技术独占能力	京津冀	0.64	0.90	0.71	0.72	0.69
	长三角	1.45	1.83	1.73	1.70	1.72
	珠三角	0.67	0.72	1.03	0.86	0.98
载体孵化能力	京津冀	0.31	0.48	0.36	0.39	0.35
	长三角	0.87	1.09	1.02	0.95	1.00
	珠三角	0.27	0.32	0.50	0.33	0.40
区域联动能力	京津冀	0.09	0.10	0.11	0.10	0.10
	长三角	0.27	0.32	0.33	0.31	0.31
	珠三角	0.10	0.12	0.16	0.13	0.13

纵向比较来看，长三角高技术制造业集群的创新能力一直位于三大产业集群之首，创新能力有所波动，整体处于上升的状态，以数值来看，是京津冀集群和珠三角集群的两倍，2016~2020 年其增长速度最为明显，但是京津冀高技术制造业集群的创新能力整体呈现出上升的状态，近年来却有所下降，珠三角高技术制造业产业集群的创新能力上升幅度较小，基本处于维持稳定的状态，但是这两者与长三角集群的创新能力仍存在较大的追赶空间。横向比较来看，长三角高技术产业集群的创新能力一直远超京津冀和珠三角集群，三个产业集群之间的创新差距为长三角—京津冀＞长三角—珠三角＞京津冀—珠三角，且长三角—京津冀之间的创新差距一直在不断拉大，长三角—珠三角之间的创新差距呈现出"M"形波动趋势，京津冀—珠三角之间的创新差距最小，但是创新差距也在不断拉大，京津冀集群只有在 2017 年创新能力超

过珠三角，后来一直被珠三角赶超。我国高技术制造业集群的创新能力存在"中间强、南北弱"的现象。如图5-1所示。

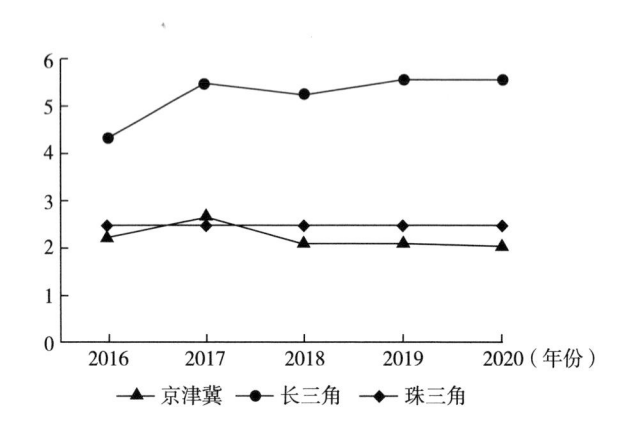

图 5-1 综合创新能力比较

如图 5-2 所示，各类能力在指标体系中所贡献的比重，2016~2020 年四大能力一直处于稳定的贡献比例，之间未出现较大的反超，贡献比例为知识吸收能力>技术独占能力>载体孵化能力>区域联结能力，分别在整体中占据 40%、35%、20%、5%左右，整体浮动较小，在 2%~3%。知识吸收能力所占的比重最大，对于创新能力的影响最为显著。除此之外，技术独占能力仅次于知识吸收能力，对于集群创新的影响也比较大，且技术独占能力近年来比重不断提升，我国高技术制造业对技术创新的忠实程度逐步提升。载体孵化能力比较弱，仅强于区域联结能力，高技术制造业集群的区域网络节点需要加速生成，新生企业的生命力和创新活力需要提升，区域联结能力对于创新能力提升的贡献最小，侧面反映集群的辐射能力弱的同时，地区间也存在产业壁垒，需扩展集群的创新网络和技术辐射范围，促进集群内部中小企业的协同发展。

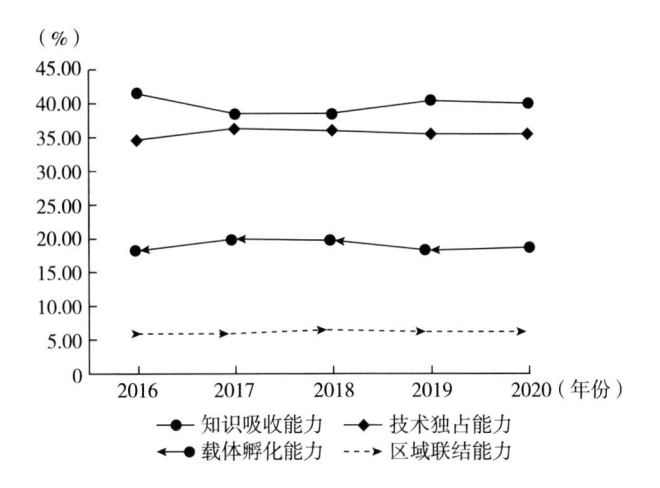

图 5-2　各类能力在总体中的贡献比重

1. 三大高技术制造业集群知识吸收能力比较

如图 5-3 所示，长三角、京津冀、珠三角高技术制造业集群的知识吸收能力比较，出现了明显的差异性分化，长三角产业集群的知识吸收能力一直处于三大产业集群的前列，发展速度比较平稳，京津冀高技术制造业集群的知识吸收能力原来领先于珠三角产业集群，但是在 2018 年被珠三角产业集群所追赶，珠三角的知识吸收能力一直在不断地上升，而京津冀高技术制造业集群的知识吸收能力有所下降，尤其是近年来受到新冠肺炎疫情的影响，集群内部的知识交流和信息交互减少，进而减弱了知识吸收能力。集群之间知识吸收能力的差距与创新能力差距相似，而长三角与京津冀之间的差距呈现出"先缩小，后扩大"的趋势，长三角与珠三角之间的差距呈现出"M"形波动趋势，而珠三角和京津冀之间一直处于赶超—反赶超—被赶超的状态，知识吸收能力不相上下。但是就集群间的知识吸收能力而言，原来三者之间的差距并不是很大，后来分化逐步严重，长三角的发展势头提升，京津冀和珠三角的知识吸收能力发展逐步放缓。从重视技术转移以及产学研转化的视角来看，集群间的知识交互和技术互通需要进一步深化。但是相比于其他能

· 103 ·

力来说，知识吸收能力在总体中发挥的作用最为明显，占据40%左右。

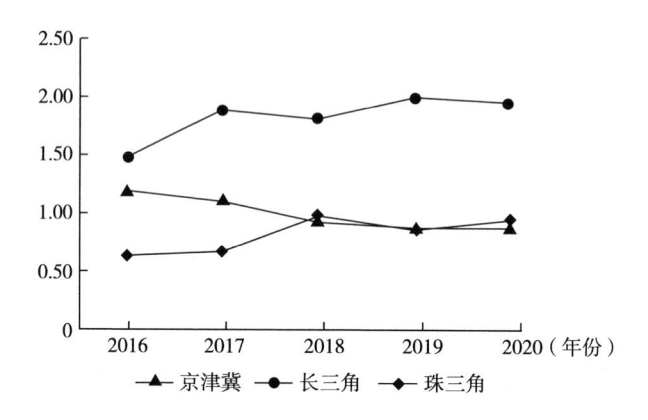

图5-3　2016~2020年三大高技术制造业集群知识吸收能力比较

2. 三大高技术制造业集群技术独占能力比较

如图5-4所示，长三角、京津冀、珠三角高技术制造业集群的技术能力比较，长三角的技术独占能力如同创新能力和知识吸收能力一样，居三大集群首位，但就自身技术独占能力来说，在2017年达到峰点，缓慢下降后缓慢抬升。而珠三角产业集群的技术独占能力呈现出波形上升，珠三角产业集群的技术独占能力和长三角一样，在2017年达到峰点，但是后来逐步下降。珠三角的技术独占能力在2018年左右超越了京津冀，从而持续上升，而京津冀集群的技术独占能力却没有跟进。从技术独占能力之间的差距来说，长三角与京津冀的技术独占差距逐步呈上升状态，而长三角与珠三角之间的差距呈现出"M"形下降的状态，而珠三角与京津冀集群之间的差距呈现出"W"形上升的状态。就集群之间比较而言，京津冀高技术制造业集群的技术独占能力落后于长三角与珠三角，珠三角高技术制造业集群的技术独占能力上升势头也并不突出，珠三角高技术制造业集群的技术独占能力上升势头明显。技术独占能力是高技术制造业集群提升自主创新能力的关键，此结果侧面印证高技术制造业核心技术的发展质量和速度有待提升的现实。我国高技术制造业集群的技术独占能力存在较大的发展空间，发展速度缓慢。集群创新应该关注核心技术创新"瓶颈"，将智力成果转化为知识产权，进而提升话语权，建立更多的国家和行业标准，完善国家知识产权体系。

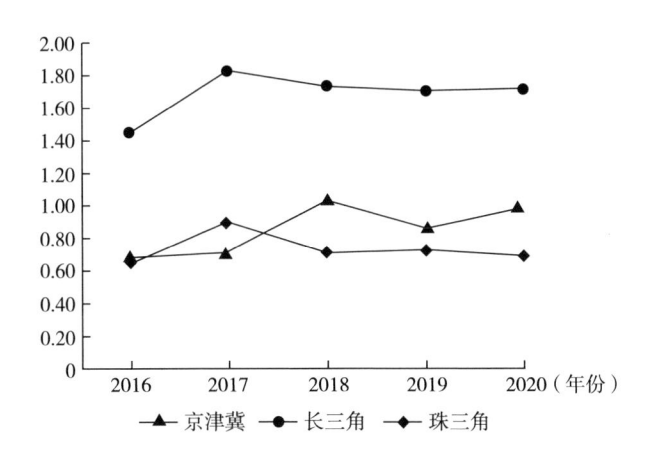

图 5-4 2016~2020 年三大产业集群技术独占能力比较

3. 三大产业集群载体孵化能力比较

如图 5-5 所示，长三角、京津冀、珠三角高技术制造业集群的载体孵化能力比较，长三角的载体孵化能力在 5 年间一直比京津冀和珠三角集群强，从数值上看，长三角高技术制造业集群的创新能力是京津冀与珠三角的 2~3 倍。长三角与京津冀的载体孵化能力都在 2017 年出现一个峰点，后来缓慢下降。而珠三角的载体孵化能力呈现出倒"V"形波动，整体呈上升状态，上升幅度比较低，但是长三角—京津冀和长三角—珠三角孵化能力差距几乎相同，长三角—京津冀集群间的差距在降低，而长三角—珠三角之间的差距缓慢上升，珠三角与京津冀的技术独占能力差距在波浪形波动，两者之间载体孵化能力不相上下。载体孵化能力在整体创新能力中，其贡献比率仅强于区域联结能力，高技术制造业去集群孵化新企业、新组织、新团体的能力比较弱，新的高技术制造企业进入仍然存在困境，集群内部培育新生力量的能力比较弱，尤其是京津冀与珠三角地区，需要进一步破除行业进入壁垒，培育新兴力量。

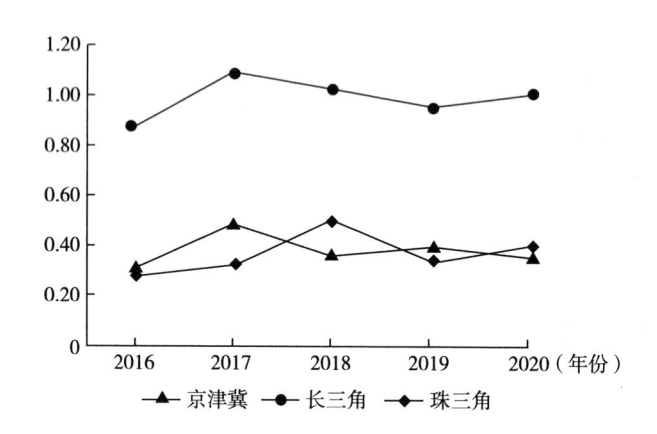

图 5-5 2016~2020 年三大产业集群载体孵化能力比较

4. 三大产业集群区域联结能力比较

如图 5-6 所示，长三角、京津冀、珠三角高技术制造业集群的区域联结能力比较，三大高技术制造业集群区域联结能力在创新能力中都最弱，区域联结能力在产业集群创新中，发挥的作用最小，长三角、京津冀、珠三角的区域联结能力发展状态平稳，未出现较大幅度的提升，地区高技术制造业集群的区域联动速度有待提升，集群与周围地区之间存在信息和产业隔离，产业包容性和接纳能力需要拓展，创新联动能力有待激发，尤其是京津冀集群的区域联结能力不仅位于三大集群之末，且这五年以来，未实现较为明显的提升，珠三角的区域联结能力在 2018 年达到一个小峰点，后又维持原状。长三角的区域联结能力虽然为三个产业集群之首，但是发展空间和联结速度还有待提升，侧面印证高技术制造业区域辐射不足的现实，而京津冀高技术制造业集群是最需要提升区域带动能力的集群，五年间，区域联结能力一直未出现飞跃性的提升，处于维持平稳的状态，这表明京津冀高技术制造业集群原有形态几乎未发生改变。

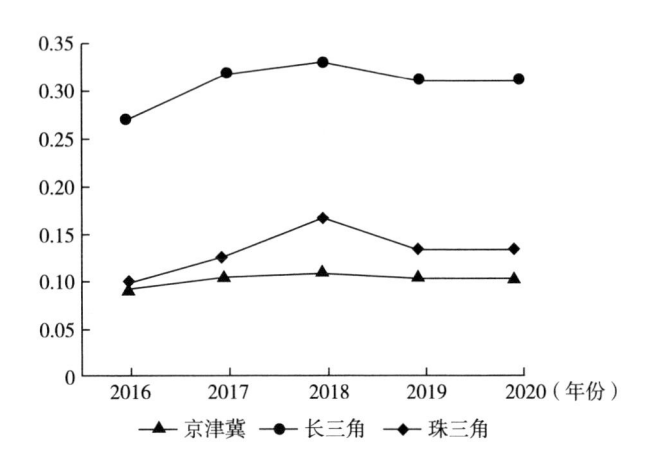

图 5-6 2016~2020 年三大产业集群区域联结能力比较

（二）数字经济下的长三角高技术制造业集群——大核带小核的辐射圈

针对长三角城市群学者研究存在许多版本，为避免研究主体划分范围的争议，本书根据国务院批准《长江三角洲城市群发展规划》，研究其规定的26个城市：上海，江苏省的南京、无锡、常州、苏州、南通、盐城、扬州、镇江、泰州，浙江省的杭州、宁波、嘉兴、湖州、绍兴、金华、舟山、台州，安徽省的合肥、芜湖、马鞍山、铜陵、安庆、滁州、池州、宣城。将其高新技术园区利用经纬度进行地理定位，73个高技术产业园区，基本形成三个高技术产业集群分布带：上海—杭州产业集群、南京—合肥产业集群、绍兴—宁波产业集群。以上海市为主核心、江苏省为辅核心的三角辐射状，产业集群基本可以划分为4个知识源，高校知识源头分别在上海市、合肥市、南京市以及绍兴市，高校知识源与城市的历史积淀、交通环境具有极大的相关性，信息交流汇聚处同时为知识汇聚处，还是产业集群处。高技术制造业与高校科研院所具有明显的地理位置重合性，上海市的外向型经济拉动明显，高技术园区附近存在众多知识学府和市场主体，尤其是以沪—苏为辐射半径的高技术产业集群，高新技术产业园区沿着京沪二通道、宁杭通道延伸至南京市和盐城市，创新功能沿着廊道辐射，产业主体与高校分布密切且均匀，由单一物种式的集群成长为种族式的产业集群，依附于密集的知识来源，打破知识壁垒和创新"瓶颈"。以南京市—安庆市为直径的产业辐射区内部依靠交通线分布，呈"一字形"聚集，而以"绍兴市—宁波市—金华市"呈"三角形"聚集分布。一个大核与多个小核的产业集群聚集状态为产业集群聚集的最终形态，产业集群之间存在既竞争又合作的关系，区域创新网络呈现出"父带子"的形态，在密集而方便的交通网络促进之间进行信息交流与知识协作。

如图5-7所示，长三角的高技术制造业产业集群以上海市为一级创新源区，一级创新源区通过涓滴效应逐步将知识转移到创新源辐射区，在创新源辐射区内部形成二级创新聚集地，如苏州等地区，而以二级创新源区为创新源头，再次形成创新源辐射区，如南京、常州、杭州、绍兴等地区。创新聚集地通常是高校以及科研院所与企业的联合体，创新源区有自己的数字经济和产业发展优势，上海拥有数字金融的优势，金融业以及现代服务业可为高技术制造业提供充足的资金以及广阔的市场，高技术园区占据长三角集群整体数量的1/4，按照行业分类来看，高技术制造业集群主要集中在生物医药、集成电路、人工智能等领域；江苏的高技术制造业主要集中于电子信息、装备制造业方面，在高技术制造业的细分领域具有自己的长处，又可以优势互补，在地理空间上的临近又提升了产业承接、辐射的优势，江苏省的苏州、无锡、常州成为上海这个创新龙头的首批带动区，集群的溢出效应明显。

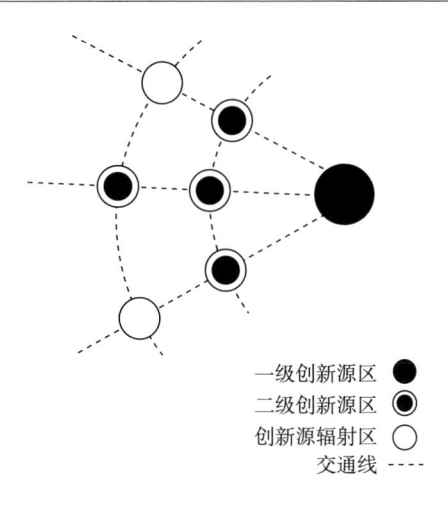

一级创新源区 ●
二级创新源区 ◉
创新源辐射区 ○
交通线 ----

图 5-7 长三角高技术制造业集群大小核协同创新模式

利用引力模型分析城市间的数字创新引力，以高技术产业园区经纬度坐标重心作为地级市坐标，集群创新能力为地理权重，将原有的简单模型中的 GDP 替代为指标体系中的数字创新指数，从而判别高技术制造业集群之间的创新引力。上海、苏州的创新引力在第一阶梯，处于 0.25~0.71，上海市的高技术产业集群对其他地级市的辐射带动力最强，为 0.71，其次是苏州为 0.46，苏州高技术制造业集群的创新引力与上海仍旧相差较远。长三角其余高技术产业均受到上海的带动，但是安庆、池州、铜陵地区受到的辐射较弱；除这两个地区以外，绍兴、杭州、无锡、常州、马鞍山、镇江、泰州、南通处于第二阶梯，创新引力处于 0.13~0.24，是长三角高技术制造业集群的二级创新源区，也是最早受到一级创新源区辐射的地方。除前两个阶梯外，合肥、安庆、池州、铜陵、芜湖、金华、湖州、扬州处于第三阶梯，创新引力处于 0.06~0.12，在整个长三角地区创新引力最弱。总体而言，伴随地级市逐步远离中心创新源头，创新引力逐步减弱，在 26 个地级市中，滁州、宣城、舟山这三个城市的高技术产业集群亟待培育，未发现有明显的创新源。长三角制造业集群创新能力以上海地区的创新能力最为强盛，达到热力的顶点，在43.81~39.15，在上海的辐射带动作用下，苏州成为最先被带动的地区，热点沿着苏—沪之间的河流、公路线以及高校向着西北方向延伸至无锡、常州、镇江区内，形成仅次于上海的热力点，但是上海市的创新能力辐射仅限于西北方向，除地级市和海陆位置限制之外，以上海为中心，其西南方向的创新能力辐射最弱。除此之外，宁波市借助于靠近沿海和通商口岸的便捷性，形成第三个创新热力点，但是创新能力相比于前两者，仍然有待提升，而南京市、杭州—绍兴交界处的创新能力仅出现小范围的热点圆圈，但是热点高度较低，制造业集群创新能力有所萌芽，宣城、滁州、安庆等地区的创新能力非常微弱。

（三）数字经济下的京津冀高技术制造业集群——单核中心式的辐射圈

京津冀城市群包括北京、天津两大直辖市，更囊括了河北省保定、唐山、廊坊、石家庄、秦皇岛、张家口、承德、沧州、衡水、邢台、邯郸。高技术制造业集群内部涉及178个高校以及34个高新技术产业园区。京津冀高技术制造业集群以北京市为中心，形成中心式的辐射状，辐射区域位于京津冀集群的东南方向以及东北方向。基本形成两个经济带，一是以北京市为中心、60千米为半径的京津经济带，二是石家庄—衡水经济带，两个集群带之间存在一定的地理间隔，高校分布密度明显超过产业分布密度，地理分布没有明显的高校相伴性，集群内部知识源非常丰富，远超珠三角，但是相较于三大产业集群创新能力之首的长三角，京津冀产业集群的经济密度有待提升，集群的知识吸收能力和成果转化能力有待提升。

由图5-8所知，京津冀高技术制造业集群以北京为中心形成一种单核中心式的产业创新模式，集群中心的经济辐射方向集中于东南方向，与长三角产业集群一样，带有明显的外向型，向着近海口逼近，沿着交通线向四周产生带动作用，二级创新源区比较少，大多数为创新源辐射区，产业发展存在空白，区域协同带动能力和一体化能力存在薄弱环节，集群内部的马太效应明显，集群内部的极化效应超过辐射效应，仅存在天津一个二级创新源区，并且与北京创新能力差距较大。北京对于石家庄地区的辐射带动作用较多，京津冀三地的支柱产业尚未形成产业链、供应链、创新链、要素链、价值链五链主导的协同分工布局，三地产业孤立式、碎片化、断裂式发展在一定程度上仍然存在，京津冀高技术制造业集群知识溢出、产业转移能力较差，在北京核心地区分布非常集中，北京发挥的辐射作用仍需大幅度提升，地区内部的产业孵化能力较弱。京津冀高技术制造业集群的创新中心为北京，属于京津冀集群的第一阶梯，创新引力最强，达到峰值1.35，在整个高技术制造业集群内部处于核心和领头地位，创新能力辐射到集群的各个地区，创新辐射能力强且均匀，不像长三角地区的创新引力存在"近高远低"的现象，这与产业集群的结构布局相关。创新能力处于第二阶梯的只有天津，创新引力达到0.48，远不如北京的创新引力强盛，但是属于京津冀集群的二级创新源区，创新辐射带动能力处于核心区之下，但是辐射能力相对比较均匀。最后，是京津冀集群创新网络的边缘部分，处于整个集群的最外部，大约分布在以北京为中心的8千米的范围内，数值在0.13~0.11。整体而言，京津冀集群的创新模式呈现出一种蜘蛛网状的分布，北京作为政治中心和经济中心，具有极强的经济吸附性，并且在集群内部具有很强的极化现象，无第二大创新核心与之齐头并进。天津处于创新能力的第二梯队，但是与北京地区的创新能力相差较远，除这两个地区外，其余地区的创新能力在集群内部并不突出，区域协同以及一体化布局需要深入推进。目前，京津冀高技术制造业集群内部，创新要素的流动方向仍旧以北京流入，河北、天津流出为主，北京与河北、天津之间的创新联动机制存在隔离，北京对整个集群的辐射、联动效应不足以抵消对区域内部创新要素的吸收作用，创新能力的集聚效应明显，发散作用微弱。

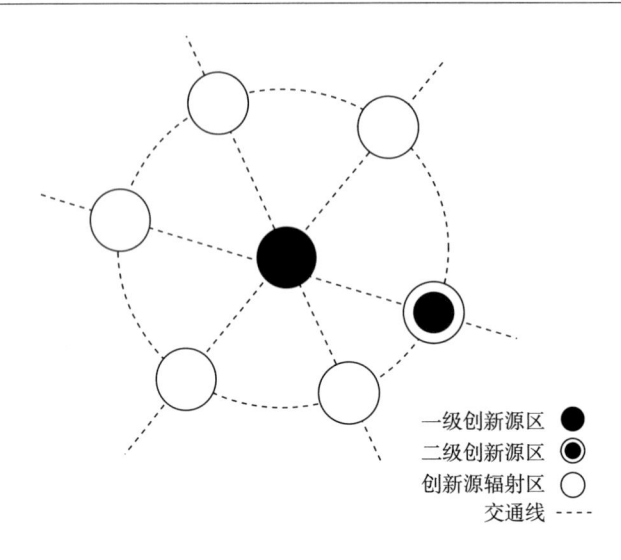

一级创新源区 ●
二级创新源区 ◉
创新源辐射区 ○
交通线 ----

图 5-8 京津冀高技术制造业集群单核中心式创新模式

京津冀高技术制造业集群仅存在一个热力中心点，虽然京津冀地区工业相对于其他产业集群起步早，但是高技术制造业核心竞争力一直停留在北京市，内部空间极化尤为明显，仅依靠北京地区的高技术制造业带动，还有其余的四个比较小的集群萌芽区，分别为石家庄、衡水、唐山、承德，但是产业集群能力发展缓慢，与北京相去甚远。整个京津冀产业集群区域联结分散，集群中心北京仅向东南方向的廊坊、天津地区延伸，东北方向发展空白，未形成片状经济带，创新数量和创新能力亟待提升，张家口、保定、沧州等地区的区域高技术制造业发展缓慢，廊坊处于京、津两个创新源区之间，反而产生了"大树效应"，造成集群发展的空白。

（四）数字经济下的珠三角高技术制造业集群——双核协同式的辐射圈

珠江三角洲城市群包括广州、佛山、肇庆、深圳、东莞、惠州、珠海、中山、江门九个城市。将其高新技术园区利用经纬度进行地理定位，涉及 7 所高校，13 个高技术产业园区，基本形成两个高技术产业集群分布带：中山—肇庆产业集群、中山—惠州产业集群。但是珠三角高技术产业集群的密度远低于长三角产业集群，高校分布区与产业分布区呈现出分离的状态，知识源基本分布在以深圳为中心、半径为20千米的沿海地区，而产业园区基本分布在以中山市为中心、半径为80千米的交通要隘地区，以公路线为延伸脉络，向着两侧延伸，整体呈现出放射状。在整个珠三角地理范围内，占据的范围比较小，整体聚集在深圳—佛山—中山三角地带，区域性辐射带动能力弱于长三角产业集群。通过横向比较来看，珠三角高技术制造业产业集群数量在三大集群中最少，但是整体创新能力与京津冀集群相差不大，说明单个经济体发展良好。空间距离呈现出卫星式的分布模式，以产业园区和高校为核心的创新源区仅分布在深圳市附近，其余各个地级市内部仅分布有产业园区，而不存在知识源，以佛山市为中心的一级创新源区向周围延伸成网络，但是珠三角东北方向高技术制造业的发展和辐射存在空白，珠三角虽然经济发展水平较高，但是高技术制造业集群的创新能力与长三角相去甚远，辐射带动能力和经济密度需要进一步提升，珠三角的面积并不大，但是高技术制造业的辐射面积更小，背后广大的经济腹地有待开发。

如图5-9所示，珠三角高技术制造业集群以佛山为牵头，形成一级创新源头，其次，肇庆、江门、东莞为二级创新源区。深圳市的高技术制造业布局较少，但是创新联系强度较高，与东莞、珠海、中山、江门、惠州创新联系强度都比较密切，中山市处于珠三角集群的中心地带，本身创新能力不强，但是创新联系强度较高，为集群间的知识交流提供了媒介，肇庆市与惠州市处于创新源的辐射区，创新能力与地区创新联系强度都不高，肇庆市仅与佛山市创新联系密切，与其余地区联系需要进一步深化，惠州市仅与东莞市、深圳市联系密切，其余地区联系较弱。珠三角集群是三大集群中内部极化效应最低的地区，双核驱动的创新模式极大弱化了集群内部的非均衡性。创新引力中心与集群中心存在地理错位，深圳的创新引力最强，到各个节点之间的线条颜色最深，但是集群创新源中心位于佛山，珠三角经济发展中的"广佛不分家"在高技术制造业发展的过程中未曾体现。珠三角高技术制造业集群以佛山和江门市形成两个双核的热力中心，但是佛山市的热力点向着西北方向的肇庆市辐射，而江门市的热力中心往东南方向的中山市辐射，佛山与江门两个热力中心的创新能力旗鼓相当，逐步连接在一起，此外，东莞市是仅次于这两个地区的第二热力中心，东莞市的热力向着南方的深圳市延伸，并且波及惠州市。虽然长三角集群和珠三角集群都靠近沿海，但是长三角的高技术制造业集群中心明显具有外向型，靠近上海出海口，而珠三角集群的中心在整体的中部，且空间极化不是非常明显。

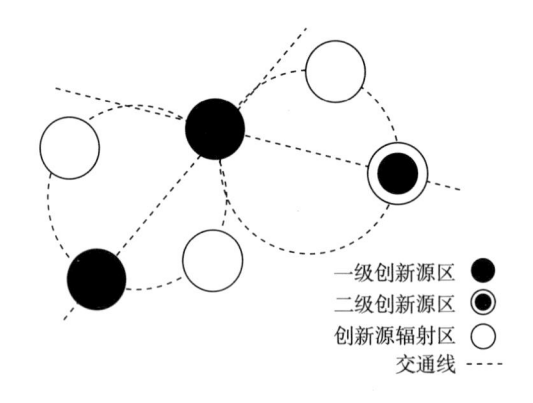

图 5-9 珠三角高技术制造业集群卫星式创新模式

三、本章小结

本章是高技术制造业集群研究的实证部分，研究了我国高技术制造集群的创新能力，根据前文的系统动力学流图提取的四条路径建立指标体系，以我国高技术制造业发展水平和聚集水平较高的珠三角、长三角、京津冀为案例分析对象,发现在2016~2020年这5年间,创新能力为长三角集群>珠三角集群>京津冀集群,长三角高技术制造业集群形成一种大核带小核的经济辐射圈,京津冀高技术制造业集群形成一种单核中心式的经济辐射圈,珠三角高技术制造业集群形成一种双核协同式的经济辐射圈。

第六章　青岛市高技术制造业集群创新现状分析

青岛市高技术制造业集群以创新为核心，以科技驱动为动力，打造具有国际竞争力的现代化高技术制造业。目前，青岛市高技术制造业集群已经取得了令人瞩目的成就，产业规模不断扩大，集群企业数量不断增加，产业链条不断完善，已经形成了以智能制造、航空航天、军工装备、海洋工程等领域为主的产业发展格局。集群企业通过加强自主研发、开展产学研合作等措施，取得了多项技术创新成果，推动了行业技术进步和创新发展。产业协同效应不断增强，集群企业之间形成联系紧密、互相促进、优势互补的合作关系，形成了产业链上下游协同创新的良好局面。

根据2021年青岛市政府发布的《关于促进高技术制造业加快发展若干政策的通知》，为进一步推动青岛市高技术制造业高质量发展，坚定不移地实施制造强市、网络强市战略，推进产业基础高级化、产业链现代化，加快打造以数字化、网络化、智能化、高端化、绿色化为核心内涵的青岛制造新高地，提出了发展新思路。《青岛市"十四五"规划纲要》提出到2025年，青岛市的规模以上工业总产值将达到2.5万亿元，年均增长率为6%左右。同时，青岛市将继续推进高端装备制造、新材料、新能源、新一代信息技术等领域的发展，加快推进数字经济、智能制造等新兴产业的发展。

2022年，青岛生产总值为14920.75亿元，按不变价格计算，比上年增长3.9%，与山东增速持平，高于全国0.9个百分点。2022年，青岛规模以上工业增加值比上年增长3.8%。高技术制造业增加值同比增长17.3%，其中，计算机及办公设备制造业、医疗仪器设备及仪器仪表制造业分别增长68.3%、19.8%。从投资角度来看，高技术产业投资增长36.2%，也证明了青岛项目支撑的有力。家电、石化、服装、食品、机械装备、电子信息、汽车等十条产业链产值均超过千亿元，为全市贡献了近76%的产值、77%以上的利润。目前青岛市重点行业累计建成智能工厂52家、数字化车间146间、数字化研发设计工具普及率达88%。青岛市70%以上的科技创新平台、60%以上的在研科技攻关专项、75%以上的高新技术企业聚集在了十大新兴产业链上，为全市高技术制造业高质量发展蓄积了强劲动能。

一、青岛市产业创新集聚，优化空间布局

青岛打造家电、石化、服装、食品、机械装备、橡胶、汽车、轨道交通、船舶海工、电子信息十条工业千亿级产业链，力图构建特色鲜明、产业集聚、链式发展的现代工业体系，加快工业转型升级，壮大经济总量提高产品层级。而今，十条千亿级产业链已硕果累累：青岛拥有完备的工业体系，41个工业门类中占有39个。近年来，形成了智能家电、轨道交通装备、新能源汽车、高端化工、海洋装备、食品饮料、纺织服装七大优势产业链。七大产业是青岛多年以来积累的财富，未来将坚持高端化、智能化、绿色化的发展方向，全力支持七大产业做大做强，形成1000亿级、2000亿级、3000亿级产业梯次发展格局，打造参与全球竞争的国家高技术制造业集群。2022年，青岛市推出第一批高技术制造业产业链47家链主企业，发挥头雁引领和生态主导作

用，带动产业链上下游协同发展。"链主"引领，聚链成群。目前，青岛智能家电和轨道交通装备产业集群已入选国家高技术制造业集群。

二、青岛市高端制造领域形成"智造"优势

青岛属于近年来在高端制造领域形成后发优势的城市，产业集聚发展成效显著。青岛针对智能家电、轨道交通装备、船舶海工装备、智能制造装备等已有较好基础。曾受困于庞大落后产能的双星，成功转型为行业智能制造的引领者，并以此向轮胎前端延伸，建设高端智能装备产业园，为智能制造工厂量身定制专业机器人，成为智能制造服务商。青岛是国内最大的高速动车和重要的城市轨道交通装备生产基地，由青岛南车四方股份、四方庞巴迪两家企业生产的高速动车累计占全国的55%，生产的城轨占20%。青岛积极促进轨道交通产业高端化，依托国家高速列车创新中心建设，积极对接铁科院，引进铁科院，打造成百亿级配套企业。船舶海工装备制造业的龙头企业有北船重工、武船重工、海洋石油工程（青岛）有限公司等企业，重点配套企业有齐耀瓦锡兰、海西重机、海西重工等企业；现已形成黄岛船舶海洋工程、即墨女岛船舶及配套两大优势产业集聚区。船舶海工装备制造业总体智能化水平较低，在数字化、自动化和精益生产等方面，仍有许多短板需要补齐。青岛正积极探索建立以数字化、网络化、智能化为支撑的先进制造模式与新型业态，加快新旧动能转换和推进供给侧结构性改革，以智能制造引领船舶工业实现高质量发展。青岛在新一代信息技术、新能源汽车、海洋生物医药等产业起步相对较晚，市政府正进一步推进人工智能技术在这些产业内的创新应用，建立市级人工智能研发和产业化项目库，储备一批重大技术创新项目，同时实施人工智能关键技术攻关，突破制约行业发展的关键共性技

术，开发人工智能标志性产品。加快相关大项目布局，促进这些产业的智能化升级方向。

三、青岛市两化融合促进制造业高端化升级

当前，信息网络技术的广泛应用有力地推动了生产方式的变革，柔性制造、敏捷制造、虚拟制造等智能发展模式日益成为世界制造业发展的重要方向。青岛数字化工具普及率国内领先，全市规模以上工业企业计算机辅助设计等数字化工具普及率达到69%，超过全国平均水平15个百分点，企业资源计划（ERP）上线率达到65%，软件业收入年均增长42.9%，两化融合评估指数达到74，领先全省平均17个点。机器人在橡胶、家电等行业开始应用，海尔建成"24小时无灯智能工厂"，红领建成红领酷特智能个性化生产车间，海信网络科技的智能交通系统、软控股份的轮胎生产管控一体化系统分别占全国份额的70%和60%。只有大力推动"两化融合"进程，在钢铁、汽车、化工、纺织等领域推动信息技术与设计、制造技术的融合，推进制造过程的自动化、柔性化、生态化、个性化、多样化，才能实现生产信息化，提高设计研发的效率和成功率，加快推动传统产业结构升级。

四、生产服务业成为青岛市高技术制造业高质量发展的保障

高技术制造业的发展，需要有专业化的、高级生产要素的投入，高级生

产要素的投入，即需要有高端的生产者服务业匹配，而高端的生产者服务业发展，反过来也取决于高技术制造业对其的需求。高质量发展的生产性服务业为现代产业体系的构建提供了强大支撑。新发展格局下，面对生产性服务资源稀缺性和制造业全球价值链的分工模式，一座城市要想实现服务型制造的突破发展，需要以链式思维配置生产性服务业资源。在青岛的2022年度生产性服务业发展能力提升行动中，打造生产性服务业资源库，就是优化配置生产性服务业资源的重要举措。青岛不断推动生产性服务业进阶发展，2021年青岛生产性服务业增加值达到4826.7亿元，同比增长11.4%，占服务业增加值比重达到56.1%。在这一进程中，"融合"是关键路径。目前，青岛累计已有2个试点区域、5个试点企业被纳入国家级两业融合试点单位，数量居全国城市第一，1个试点区域、2个试点企业被纳入省级两业融合试点单位，培育两批20家市级两业融合试点单位。聚焦制造业领域智能化、高端化、服务化及绿色化转型需求，入库资源主要分布在现代物流、软件和信息服务、科技服务、商务服务等重点生产性服务业领域，将在研发设计、检验检测、数字化赋能、物流管理等产业链发展的不同环节注入能量，增强制造业强链补链延链解决方案市场供给。

五、工业互联网日趋完善，赋能青岛市集群创新发展

（一）生态系统数字网络逐步完善，中枢企业引力开始凸显

青岛工业互联网的硬件设施和智能网络发展迅猛，全市5G网络已实现主城区全面覆盖、区市城区连续覆盖，累计开通5G基站2万余个，数量居

全省首位；入选全国首批千兆城市；获批设立国家级互联网骨干直联点。全市重点行业累计建成智能工厂52家、数字化车间146间、自动化生产线350个；全市生产设备数字化率达到57.5%，数字化研发设计工具普及率达到88%，关键工序数控化率达到57.2%。

通信基础设施和企业信息化程度的完善使青岛市工业互联网的推进速度加快，提升了技术和平台之间的匹配度。省政府联合海尔卡奥斯COSMOPlat打造山东省智慧化工综合管理平台，链接全省84个化工园区和125个重点监控点，打通省工信厅、交通运输厅等多个部门信息数据，形成全省智慧化工的"产业大脑"。由中枢企业形成的集群，逐步向平台化方向发展，如特来电、橡链云、国真智慧、中车四方所等特色专业型工业互联平台，还有像柠檬豆、慧心智造、中科芯云、集结优选等具有行业影响力的特色平台，中枢企业形成的创新生态逐步赋能省内的多个产业。

（二）创新环境不断优化，价值群落不断生长

青岛市在制度引导、政策保障、机制创新等方面为工业互联网助力，构建了全国较为领先的工业互联网平台发展体系。目前，在工业互联网的创新生态建设上，工业和信息化部发布的"2021年工业互联网平台创新领航应用案例"中，山东企业占据23个，数量居全国首位。青岛在库培育双跨综合平台、垂直行业平台、关键技术平台、产业互联网平台、公共服务平台等重点项目超过100个，工业互联网的枝条向着横纵两方向发展，延伸为生态网络。众多具有行业特色的工业互联网平台形成生态群落协调演化，工业互联网平台之间通过学习知识、技术共享形成具有强耦合性的系统结构。

（三）资源利用能力不断提升，生态系统赋能突破地区限制

截至2021年底，通过北大数林的研究报告，青岛市数据信息利用质量表现优秀，青岛市数据开放平台已经建立32个创新应用。青岛市"工业互联网

企业综合服务平台"已推出1428项线上服务和15655个赋能应用，为链接政府与企业资源创造出一站式平台，平台赋能青岛企业3561家，新增工业产值达212亿元，并助力青岛中德生态园入选首批国家级工业互联网园区试点示范，实现了城市数字生态的双向互动和共同成长。此外，在四川德阳，卡奥斯COSMOPlat会同德阳市打造的"海川云服"工业互联网综合服务平台也已完成首批应用开发，将从智能制造、设备物联、研发设计等领域助力西南地区企业数字化转型。在2020世界工业互联网产业大会分论坛上，上海市工业互联网协会、深圳市工业互联网行业协会、青岛市工业互联网产业联盟共同发布《上海•深圳•青岛生态共建联合宣言》，抢抓新一轮科技革命和产业变革的重大历史机遇，发挥跨区域协同创新、示范引领作用，共同推进世界工业互联网创新发展。

目前，卡奥斯COSMOPlat已孕育出化工、模具等15个行业生态，并在20个国家复制推广，被国际权威组织Forrester评价为企业数字化转型的"理想选择"。

六、青岛市高技术制造业集群创新问题分析

青岛市高技术制造业集群在发展过程中也面临着不少问题和挑战，如产业结构亟待调整，当前集群企业主要集中在传统制造业领域，需要进一步加强数字化、信息化、智能化、绿色化等方面的技术升级和转型升级；企业研发投入不足，人才短缺问题严重，平台基础条件不完善制约着集群企业高质量发展。总之，青岛市高技术制造业集群已经成为全国重要的高新技术制造业集聚区之一，未来发展前景广阔，但也需要各方共同努力，积极解决困难和问题，推动集群企业实现更高水平的创新、升级和转型。

（一）青岛市集群创新主体问题分析

部分企业尽管已加大智能制造改造步伐，但在推进智能制造上投入不足。此外，既了解信息化又懂企业生产流程的综合性智能制造人才短缺，企业生产经营困难、资金不足等原因也制约了部分企业的智能制造改造进程。

1. 中枢企业数量少，生态赋能能力低

青岛市已有的海尔、海信等企业，为省际乃至国际工业互联网的发展提供了模板，但是像这样的中枢企业数量仍然比较少，就如同在生态系统形成和成长的过程中，数量较少的种群难以抵御外界的风险，生物多样性是生态系统能够长久发展的基础，单一的工业互联网平台也难以激发工业互联网的多元价值，深圳拥有富士康、华为、腾讯、中兴、创维、招商银行、中国平安、茂业集团、万科、赛格等数量众多的中枢企业，除中枢企业本身可以创造价值外，中枢企业所形成的生态群落也可以为创业者提供土壤，且创业者的可选择空间比较大。

2. 企业主体研发投入不足

企业内部自主研究与试验发展活动（R&D）投入较低，较依赖技术外部。2018年青岛R&D支出仅为307亿元，仅为同期深圳（900亿元）的1/3。青岛制造业企业开展基础创新的比重较高，但对于R&D的投入却相对较低。制造业高端化的创新主要还是依靠引入外部技术，缺少自主研发的能力。

3. 企业主导的创新技术研发偏弱

青岛大多数制造业企业的技术装备水平虽有所提高，但其高技术制造业的发展程度在标杆城市中处于相对较低水平。多数企业没有自己的专有技术，相当一部分企业生产的产品处于产业链的低端，产品技术含量低，缺乏独特的竞争力；关键零配件、重要基础材料等生产能力不足；而对于技术要求高的重大成套设备和高技术产品又缺乏研究开发与制造能力。从工业4.0演化阶段来看，不少制造企业仍处于数字化和网络化之间的2.0~3.0的水平。创新机构植根于产学研融合，技术成果转化依然是"瓶颈"问题；新型显示、5G、增材制造、可穿戴系统、大数据分析、人工智能等新兴产业尚未全面布局。

4. 产学研合作力度还需提高

青岛具有较强技术实力的科研院所和高等院校，科教资源的优势十分明显。这本应是促进制造业产业创新发展的重要资源，但调查显示，青岛制造业企业以自主研发为主，没有充分利用高校、科研院所等外部创新资源，企业间合作创新程度不高。

5. 产业创新平台科技成果转化率低

创新成果的市场化、产业化才是创新的最终目的，科技成果转化率是目前产业创新平台普遍面临的主要问题，究其根源是创新成果未与企业需求、市场需求真正接轨。青岛制造业企业新产品产值率近年来持续下降，科技创新转化为现实生产力的能力低；高端设备、关键零部件、关键材料等大多依赖进口，核心技术对外依存度较高。

（二）青岛市集群创新环境体系问题分析

1. 产业创新平台的基础条件建设不完善

目前的创新平台并未真正发挥功效，只能提供技术咨询与信息服务等基础功能，因而需要联合政府、企业、中介机构等建立完善的资源数据库、交流平台、共享机制，实现与创新需求的快速有效配置。

2. 产业布局不合理，限制产业功能扩展

对于产业的规划，还缺少统一有效的功能、定位区分，引导力度不够，存在产业园区规模小，功能冲突，缺乏有机协调，各个行政地区的分割造成了地区产业结构趋同，这使青岛制造业存在重复建设和资产闲置的现象。需要进一步优化政策体系，改进管理手段，完善政府公共服务平台功能和运行。

在企业层面，每个企业都想延伸自身产品的制造范围，增加盈余，造成企业间专业化协作的分工、企业间的配套关系没有得到很好建立。使小企业专业化生产优势不明显，不精不专，没有建立起通过大企业带动小企业发展从而以小企业保护大企业的合理产业结构，形成产业专业化水平不高、行业的集中度低的局面。另外，制造业产业链分布不均衡，处于产业链高端的核心技术相对薄弱。例如，青岛在人工智能产业的基础层和技术层上亟待取得进一步突破。但基础层上的芯片一直都是青岛制造的一块短板，现有企业只集中于少数几个细分行业中，产业总体水平有待提升。在技术层，青岛市仍缺少从事人工智能核心算法的软件企业。

3. 创新驱动机制还不完善

"十四五"时期是我国制造业发展的重要战略机遇期，也是青岛制造业实现转型跨越的关键时期。根据《青岛市"十四五"制造业转型升级发展规划》加快青岛市制造业转型升级，出台多项促进制造业高端化发展举措，但在技术、资金、税收、人才等扶持政策方面尚待进一步完善和优化，产业发展环境规制较多，"政策机会主义"现象普遍，制约了创新积极性。青岛中小企业创新扶持力度还需加强。中小企业是制造业中极具活力的部分，中小企业的创新能力直接影响产业的整体创新水平。与大型企业相比，青岛中小型装备制造企业受惠程度有限，创新产出水平较低，以至于还需要加强对中小企业创新扶持。此外，高端创新创业人才明显短缺。

4. 信息共享存在孤岛，生态开放能力有待提升

工业互联网发展的高级形态青岛市未彻底完成，青岛工业联网现有的发展驱动力，相比国内先进水平，数据、技术等要素的价值仍需进一步激发，工业互联网数据是工业领域各类资源的核心载体，工业互联网数据资源总量呈现出爆发式增长的趋势，青岛市的数据资源间仍存在孤立、分散、封闭等问题，数据价值未能得到有效利用；已有的创新成果和创新投入未在

市场的商用和民用上激发出飞跃性的价值，产学研融合程度比较低，生产实践和消费价值之间的差距仍然比较大，科研成果的规模化和商用范围需要扩大。

（三）青岛市集群创新网络外围支撑体系问题

1. 外向依存度低

根据著名区域经济和产业专家魏后凯的研究，山东制造业的对外开放程度远远不如长江三角洲和珠江三角洲。外贸依存度，珠江三角洲是140%，长江三角洲是60%，环渤海湾地区是35.2%，山东是29.3%；外资依存度，珠江三角洲是10.6%，长江三角洲是5.2%，环渤海湾地区是3.6%，山东是3.7%。

2. 关键技术仍需加强，生态结构尚未完善

青岛市内的互联网应用和网络建设仍需加强，与上海、深圳相比，地区内部拥有物联网、大数据、人工智能、区块链等先进技术的企业和数据服务机构数量较少，金融机构的使用深度和使用广度有待激发，创新生态系统内部的基础架构、中介机构、产业链条都存在不同程度的空白，关键技术的突破是创新生态系统进行信息沟通的重点，依赖于持续性的资金和技术支撑，技术依托的生态结构尚未完善。

第七章　数字经济下青岛市高技术制造业集群创新能力提升对策

一、全国高技术产业集群创新能力提升经验总结及对策借鉴

（一）数据要素价值开发，促进高技术制造业集群知识内化吸收

针对长三角高技术制造业集群，持续深化区域的协调联动能力，促进知识在区域内部溢出，形成知识网络，从而提升创新能力，将上海的产业辐射、转移能力向周围地区均匀地发散，促进知识要素沿着产业链的数字网络和信息渠道广泛地传播，为生产、设计、研发提供创新知识，尤其是滁州、宣城、舟山等创新能力比较低的城市，可以借助于上海的数字金融优势，承接高技术制造业的转移和分工，逐步跨过行业进入门槛，利用二级创新源区的创新优势，并且在已有的产业基础上，推动高技术产业实体聚集，形成创新性示范园区和产业联盟，以信息共享、成果共享、技术共享的数字管理平台，优

化产品的整体供需平衡。对高技术制造业涉及的多个产业,特别是高新技术的生物医疗、电子通信等重点领域进行系统性的规划、布局、落实,形成数据利用的良好路径,注意资源与成果的公平与效率。

针对珠三角高技术制造业集群,需要连续布局高技术制造业的经济密度,持续保持好内部的均衡发展势态,避免内部发展的极化,健全高技术产业数据资产的管理方案,明确产权关系与责任,保护数据专利与成果,掌握好产业数据开放性与安全性之间的关系,激发数据资源的价值性,妥善管理数据资产,尤其是针对高技术制造业发展存在"瓶颈"的知识壁垒,在设计、生产、研发等多个环节,注重既有数据的二次利用,寻找创新的突破口,提升数据价值开发的效率与准确性,实现数据要素的全流程管理,完善产业集群的数据要素利用机制和创新机制,促进创新资源合理配置。依托长三角地区的阿里巴巴等数字先导企业,凭借数字产业的优势,加快创新要素的聚集。

针对京津冀高技术制造业集群,要管理好区域内部的资源配置和创新能力拉大的问题,将北京核心区的创新能力逐步辐射到集群的其他地区,减少集群内部的极化现象,将北京地区的高技术制造业向东北方向转移,促进集群朝着开放共享的方向发展。加强与区域内部高校的创新联合与知识转化,提升产、学、研之间联合创新价值,促进知识源多点开花,为京津冀高技术制造业创新提供智力支持。在做好数据安全保护的基础上,通过数据的存储、采集、清洗、编撰、挖掘,突破过去城市、部门之间"数字行政壁垒"和"产业条块分割"造成的"马太效应",积极提升数字政务在产业金融、产业合作、产业联结中发挥的作用,让天津、河北积极承接首都疏解产业,在天津、河北地区培育一级创新源,依托国家级新区、省际高新区以及产业园区,发挥天津在数字技术研发方面的优势,延伸产业链条,打造弱势地区内部的产业孵化基地、软件产业基地,与大学科技园、科研院所建立强有力的知识网络,从而促进技术转移。

从整体来说,提升数据要素对于集群创新的贡献力度,完善集群内部组织的数字化流程和数据价值开发,在保证信息安全的前提下,赋能数据利用的多元主体,提高数据的价值密度,完善产业转移和升级的通道,优化资源的地区配置,强化先进地区产业的带动能力,提升地区数字资源的利用率,完善数字节点和枢纽,破除产业融通壁垒和"信息孤岛",健全产业流通路径和体系,探索数据跨境服务体制,形成高低互补的产业优势,构建企—企、政—企、企—业、业—业市场化运营机制,进而提升高技术产业集群的发展质量,促进多部门协作。以数据要素为生产资料、数据处理为服务的新兴企业,应加强对其的建设力度,可以在北京、上海、佛山等数字经济桥头堡地区进行优先试点,不断培育、引入、推动新的专业数据服务机构,对于数据产权纠纷、资产评估等问题,加快建设数据法律体系,完善专业化处理流程。

(二) 强化基础和应用研究,提升高技术制造业集群高端技术积累

我国高技术制造业发展在注重基础研究的同时,要注意基础研究与应用成果转化之间,促进实体科研与产业集群进行联合研发,创新应用成果,加强应用基础研究,提升数字研究成果的商用率。加强科学研究和实体工业企业之间的协同、耦合效应,提升科研成果与商业价值之间的转换效率,面向实际需求,从而加强科研成果的针对性。提升集群创新赋能作用,组织开展技术研发攻关、创新创业孵化、成果推广应用、检验检测认证等创新活动,推动创新资源整合与共享,厚植集群创新土壤。加强高技术产业与高校的研发与协作,促进产学一体化,组建创新联盟,集中人力、资金攻克高技术制造业发展的重点、难点以及创新"瓶颈",尤其是集群内部深入一线的科研人员、实践人员以及操作人员,可以有效组建起来,成为产业创新联盟,龙头企业之间可以进行联合创新,产业链之间可以进行协同创新。除此之外,在基础研究和应用研究之间建立持续性的战略规划,准备好高技术制造业长期研发规划和创新效率转化布局,在"反超"与"被反超"之间提前进行技

术和战略布局，同时强化对自身知识产权的保护，抵制不正当竞争与成果剽窃。在生命科学、通信技术、纳米材料等与国民基本生活相关的领域争取取得差异化的竞争优势，为刺激需求端提供技术支持，同时也为高技术制造业创新提供动力。将高新技术制造业产业的通用技术以及领域进行优化，为后期激发叠加效应奠定基础，包括新能源、光伏、发电机等，首先在能源方面开辟新的赛道，可为其他产业创新助力。

整体来说，充分发挥国家自然科学基金的作用，资助基础研究和科学前沿探索，支持人才和团队建设，加强面向国家需求的项目部署力度，提升国家自然科学基金支撑经济社会发展的能力。面向国际科学前沿和国家重大战略需求，突出战略性、前瞻性和颠覆性，优化国家科技重大专项、国家重点研发计划、基地和人才计划中基础研究支持体系，强化对目标导向基础研究的系统部署和统筹实施。坚持基础研究整体性思维，把握基础研究与应用研究日趋一体化的发展趋势，注重解决实际问题，以应用研究带动基础研究，加强重大科学目标导向、应用目标导向的基础研究项目部署，重点解决产业发展和生产实践中的共性基础问题，为国家重大技术创新提供支撑。强化目标导向，支持自由探索，突出原始创新，强化战略性前瞻性基础研究，鼓励提出新思想、新理论、新方法。完善适应基础研究特点和规律的经费管理制度，坚持以人为本，增加对"人"的支持。重点围绕优秀人才团队配置科技资源，推动科学家、数学家、工程师在一起共同开展研究。促进国家重大技术项目转移数量的提升，多样化技术转移路径和成果应用路径。健全基础研究任务征集机制，组织行业部门、企业、战略研究机构、科学家等进行合作创新，集中智慧解决难点、重点问题，形成更多的行业标准、国家标准，建立起自主创新的地区产业。

（三）促进高技术制造业集群产业链上下耦合，加强产业载体孵化

针对京津冀高技术制造业集群，北京地区对于整个集群内部存在强竞争实力，为避免产业的同质化竞争，支持和引导京津冀在产业链上实施差异化的发展战略，集中突破市场的差异化需求，避免集群范围内存在的恶性竞争，引导和鼓励京津冀在同一大产业链中的不同子产业链和分产业链分别发展，从而形成围绕核心产业链发展的新型产业合作模式，既可以破解产业同质化竞争困局，又可以增强京津冀世界级先进制造集群的创新活力和动力。合理利用北京的创新资源与要素，支持中关村科技创新资源有序转移、共享聚集，推动部分优质公共服务资源合作。构建常态化多层次的区域利益平衡和对接协调机制，将高技术制造业创新活动纳入区域协调的布局之中，将邢台、邯郸、承德等地区深入融入到产业链内部，在创新能力较弱的繁荣地区进行高技术制造企业的孵化，以点带面，促进京津冀一体化进程。

针对长三角高技术制造业集群，以上海为"领头羊"，利用上海经济综合实力强、金融资源配置功能强、科技创新能力强等优势，推动上海品牌和管理模式全面输出，深化推进长三角的网状产业创新网络，开辟以上海为起点的长三角经济腹地，将高技术制造业集群的创新源沿着长江经济带深入，现有的区域连接性有待提升，创新源分布不均匀，东强西弱，安庆、池州、金华等地区的创新能力需要进一步提升，在上海与内陆经济带之间孵化多个创新源区，抵制"单打独斗"与"多头对外"式的生产格局，降低产业结构的同质化程度，加强区域内循环和国际循环。优化数字技术深度运用，推动制造业与数字经济深度耦合，在电子商务、智慧物流、智能交通等方面带动高技术制造业发展。

针对珠三角高技术制造业集群，现有的高新技术园区数量比较少，需要进一步培养、孵化，提升成果孵化基地和双创示范基地的数量与孵化质量，建设创新高地，保证高新技术企业"留得住、转得动"，扩展经济发展的辐射空间，在地理空间上提升珠三角集群密度。另外，珠三角缺乏优质而丰富的公共服务资源，如珠三角的双一流高校相对于京津冀来说非常稀少，需要进一步倾斜教育资源和知识储备，丰富创新资源与要素，承接知识要素的转移。在国际方面，积极开拓海外市场，为高技术制造业发展提供良好的市场需求，发挥珠三角的外向型优势，在稳住外部需求的基础上维持高技术制造业的发展优势。

  整体来说，发挥我国各地区副省级城市、省级城市和直辖市的城市辐射作用，形成城市发展的合作经济带，通过中心城市产业结构的高技术发展，带动周边地区上下游关联产业的快速发展，减少产业链循环过程中的时间成本与沟通成本，使高技术产业群的综合承载力得到有效提高。强化内部吸收和借鉴能力，利用数字信息网络打通关键环节，促进产业链、供应链、知识链、信息链高效沟通，刺激高技术上下游环节之间的物质、信息、能量交换，形成竞争有序的产业布局，破除知识隔离机制和模块化壁垒，在单一行业和多个高技术产业之间形成产业学习、合作的氛围，降低高技术制造业进入门槛。让有能力的中小企业获得长久而健康的发展空间，往专、精、特、新方向培养，着力培养产业内部的隐形冠军，利用大学科技园、产业孵化基地、软件产业基地、众创空间等孵化组织，提升载体孵化能力，保证高技术制造业集群往族群多样化的方向演化，为创新基础比较薄弱的企业提供较为完善的数字金融扶持，确保未来资金流入的可持续性。在高技术制造业生产、加工、设计、研发等方面建立全方位的管理体系，防止被局部"卡脖子"的事情发生，重新审视上下游产业链之间的耦合关系，建立合理的产业创新政策，坚持"胡萝卜"和"大棒"双管齐下，激发企业的创新活力和领先作用，促进产、学、研、商、用相互融合，为打通行业进入门槛以及打破上下游隔离提供知识源。为中小微企业数字化提供资源和渠道，发挥经济发达区中枢企业的赋能作用，联动后发地区形成产业生态，建立数字化平台进行信息共享，各个地区都应进一步提升自身的数据开放能力，丰富市场的数据资源，为价值开发提供原材料。

（四）克服创新后发劣势，完善高技术制造业集群区域联结网络

在三大高技术制造业集群内部，长三角集群的区域联结能力居首位，长三角集群内部创新联结网络最为密集，但是由于上海在整个集群的最东边，产业集群的创新引力"东盛西弱"，创新能力存在"头重脚轻"的现象，需要在长三角的西部地区进行创新吸引力的布局，缓解内部的不均衡发展现象，由长三角带动长江经济带发展，强化弱势地区的创新基础，在地级市之间组建产业创新网络，持续保持科研投入，提升高技术制造业产品的附加值，构建创新节点，构建东西联通、南北融合的创新网络。

针对京津冀高技术制造业集群，天津与北京之间的创新引力相差3倍，但是天津仍旧是京津冀地区发展较为良好的地区，可以作为集群内部承接产业转移的重要地区，发展成为第二创新源区。发挥高技术制造业集群的带动作用，辐射、带动周围的高技术制造业发展，提升区域一体化水平，减少区域间的空间极化水平，避免单一核心的技术和信息垄断，促进高技术制造业在区域外转移、建设、生根，集中更为广阔的发展主体进行创新活动以及产业链建设。将高技术制造业向非首都区转移，保证创新技术和人才稳定扎根于河北、天津地区。

针对珠三角高技术制造业集群，将集群中心的创新辐射能力进一步扩散，提升地区间的产业关联度，将现有的集群萌芽区发展壮大，强化与核心地区的战略融合度，加强高技术制造业集群内外的创新联合，进一步提升沪—苏、苏—杭、沪—杭等几个重大城市圈的联结能力，在东北和西南方面培育创新点，促进区域联动能力，保证信息渠道和技术渠道的畅通，破除行政壁垒。

整体来说，强化数字化技术在地区间的联结作用，虚拟技术和数字信息渠道双向发力，形成数字联结网络，减少"数字鸿沟"在产业间的危害，促进包括数据在内的生产要素自由流动，构建高质量发展的集群创新系统，发挥各个地区高技术制造业的比较优势，因地制宜，立足于原有的产业集群，

完善产业结构和联结渠道。完善空间治理体系，促进地区集群增长极的创新优势，精准弥补产业空白和地区短板。普及数字化生产设备与信息系统，以通信技术和数字化技术引导流程重塑，将运营流程中出现的问题可视化，减少企业试错成本，与供应链条上的合作商加强数据联盟，将交付能力实时化，以高价值的数据信息为指导，提升企业生产、配送、营销、售后的质量，以大数据处理技术，对市场营销进行精准定位，可视化企业的财务数据和经营结构。提升中小企业以及高潜力企业投资的针对性，调动民间资本的积极性，减少资金风险，提升数字金融的覆盖面，将各个梯队的高技术企业发展特色相结合，形成优势互补的合作机制，确定自己的经营范围与目标顾客，划分差异性服务范围，合理配置企业的资源和优势。

二、青岛市高技术制造业集群创新能力提升对策

（一）形成多层次研发青岛市高技术制造业集群支撑体系

1. 强化青岛市高技术制造业集群自主创新意识，突破创新关键技术

（1）强化企业自主创新意识。

青岛市高技术制造业集群面临的一个突出的问题就是技术创新能力不足。现有技术依靠国外引进，核心技术受制于跨国企业，没有自己的核心关键技术，高技术制造业企业产品市场不能参与高附加值领域的竞争，且在市场竞争中处于被动地位，因而需要不断提高技术制造业企业自主技术创新能力，联合其他创新主体建立装备制造业创新升级平台。

推进规模以上高技术制造业企业研发机构建设，提升先进高技术制造业企业的自主创新能力，鼓励高技术制造业企业设立研发中心，开拓创新需求，

规范研发活动，增强高技术制造业企业创新动力，推动高技术制造业企业牵头与高校院所组建形成产学研深度融合的共同体，推进创新创业共同体健康发展。有条件的企业在财务预算中设立科技创新基金。原始创新、集成创新和引进消化吸收再创新，形成自主知识产权，提高关键核心技术研发能力和科技成果转化能力。推广"云端研发"模式，推动广大高技术制造业企业的中小企业开展技术创新。聚焦高技术制造业企业的中小企业创新需求，借助大数据平台、工业互联网等集聚各类创新要素，突出生态系统开放性、需求发布及时性、数据对接精准性、资源匹配高效性，解决广大中小企业因视野局限不想创新、因资源薄弱不会创新、因害怕承担风险不敢创新等一系列问题，帮助高技术制造业企业的中小企业卸掉思想负担，助力企业创新能力不断提升，进一步赋能中小企业技术产业化、规模化。

（2）深化信息技术融合，推进高技术制造业企业智能发展。

大力发展物联网、云计算、大数据、3D打印等新一代信息技术。攻克CMOS和MEMS传感器、智能光电传感器等关键核心技术，推进物联网在数字海洋、智能制造、智慧交通、智慧家庭和智慧城市领域的广泛深度应用；推进面向大数据处理、云计算等重点范围的高端软件的研发应用，开展大数据及云计算关键技术攻关，重点建设青岛工业大数据平台，将大数据贯穿于生产全过程。

推广以个性化定制、网络化协同开发、柔性化制造系统与价值交互平台为代表的智能制造新模式。推动服务智能化，积极开展基于互联网的故障预警、远程维护、质量诊断、远程过程优化等在线增值服务，建立3D打印服务中心，为产业链提供全方位集成服务。

2. 加速实施企业梯队培育，形成创新生态系统

（1）聚焦引进领军企业。

青岛已经拥有了一个跨行业、跨领域、跨区域，具有国际水准的国家级工业互联网平台——海尔COSMOPlat工业互联网平台。未来，将以海尔工业

互联网平台为依托,着力打造具备国际竞争力的产业联盟体系,联合众多行业级、领域级合作伙伴以及区域运营商,帮助工业企业实现互联网化转型。

(2) 发挥龙头品牌企业的主导效应。

重点培植一批世界级核心龙头企业。加速实施企业梯队培育。支持骨干企业靠前抢单、规模企业细分市场、中小企业分包配套。形成大中小企业优势互补、梯次发展的格局。培育一批行业级(优势行业和龙头企业)、区域级(经济产业聚集区)、领域级(能力聚焦)的工业互联网平台。发挥"一带一路"节点城市优势,推进青岛制造业优势产业与沿线国家和地区的合作,建立海外生产基地,实现产能梯度转移。依托海尔等优势企业在海外的园区,吸引和带动相关配套产业到当地考察、洽谈、合作,与已有研发、制造企业形成产业链条,带动中小型企业集群式"走出去"。

(3) 开展新一轮"青岛金花"培育行动。

突出互联网和人工智能时代特征,建立品牌企业培育机制,构筑品牌公共服务平台,创新全方位宣传渠道,在特色鲜明的制造业企业中培育出国内知名的品牌产业集群。

3. 推动产学研攻关,促进高技术制造业产业创新平台知识流动

在知识经济时代背景下,知识是创新网络中尤为重要的创新资源,通过企业与高校、科研院所、政府、中介、金融机构等创新主体之间的合作,让彼此在相互的沟通交流、学习与反馈中促进知识在网络中的流动,从而更迅捷更有效地获得解决遇到的共同技术、管理等问题的新技术、新思想;同时新技术、新思想的碰撞有可能引发新的技术革命或者繁衍出更新的知识,从而形成一种良性知识循环,以促进制造业高端化的创新升级。

青岛应从增强高技术制造业竞争力的高度,对行业共性、关键性、前瞻性技术进行产学研联合开发,并在重点企业实现产业化,形成重大平台技术的联合开发、利益分配和成果转化机制,支持重点企业的技术创新,使之成为面向行业、开放式的技术创新基地。应根据产业技术战略,开展大企业技

术创新能力的调查，完善技术评价体制。此外，加大对从事基础性、应用性技术研究的重点实验室、重大试验设施的投入，重点支持对材料与关键元器件的研发，加强关键技术的预研和攻关，推动产学研用深度合作。

（二）加强青岛市高技术制造业集群创新环境体系建设

1. 强化创新平台载体建设

围绕关键共性技术，建设布局高技术制造业高端化创新平台，强化对关键技术实验验证、技术创新、产品开发的创新要素支撑。鼓励龙头企业构建基于开源开放技术的软件、硬件、数据、应用等互动共享的协同创新体系。定向引进国内外院士等顶尖人才，围绕高技术制造业领域前沿技术，建设一批高水准的创新平台和高技术制造业创新中心。

实施标杆示范工程和链条示范工程，鼓励高技术制造业龙头企业、相关园区建设开放式高技术制造业众创空间。支持孵化载体建设专业孵化平台，支持领军企业及"硬科技"领域投资机构构建垂直孵化生态系统。支持引进国内外孵化机构合作共建国际孵化器、国际创客实验室，探索建立海外孵化基地和离岸加速孵化基地。发挥轨道交通装备、智能家电、船舶与海洋工程装备、3D打印等领域省级制造业创新中心的特色优势，深度融合人工智能技术，引领行业发展。

构建信息通信基础设施体系。加快支撑工业互联网、车联网、物联网的基础设施建设，大力发展数字经济。打好"四新"经济崛起硬仗，推动数字经济与实体经济融合发展，打造"工赋青岛·智造强市"城市品牌。支持卡奥斯打造世界级工业互联网平台，推动橡胶轮胎、纺织服装、高端化工、食品饮料等特定行业平台创新发展，实现40家以上工业互联网平台上线运行。实施企业数字化转型专项行动，推广"灯塔工厂"模式，完成1000家企业数字化改造，新建100个以上智能工厂、数字化车间和自动化生产线，培育10个产业数字化转型赋能中心。加快发展大数据、云计算、区块链等数字产业。

2. 发挥政府政策引导作用

高技术制造业的发展离不开政府的支持，需要政府制定相应法规，推动传统制造业的技术改造，鼓励制造业企业技术创新，提升竞争力。

(1) 制定正确的高技术制造业发展思路。

聚焦高技术制造业前沿技术领域，加快重大科技项目建设。加强储能技术、氢能技术、节能技术等"双碳"关键技术研究，抢占制造业绿色低碳高质量发展的制高点。指导高端智能家电制造业创新中心布局关键技术研究，突破智能家电定制化高可靠性芯片、基础软件等关键技术，推进智能家电产业链向更高能级发展。以高水平研发载体计划支持和推进高端轴承青岛示范基地、青岛高空实验基地、一汽解放（青岛）研究院等项目建设，推动高端核心零部件自主研发，打造产业动能新策源。以山东省重点发展的"十强产业"、青岛市"九个重点产业"为导向，依托青岛"创"平台，以高端装备制造为引擎，以双星、中车四方股份、海尔、赛轮金宇、红领五家企业的智能制造项目入选国家智能制造试点项目为契机，以科技创业孵化平台为依托，攻关突破一系列先进制造前沿技术，发展青岛轨道交通支柱产业、汽车制造、电子信息、机械装备等特色制造业，大力发展新材料、节能环保、生物医药、大数据、物联网、人工智能等新兴产业。

(2) 创设公正规范的高技术制造业市场环境。

发展产学研深度融合的协同创新模式，采取优惠措施扶持新兴产业和生产性服务业；增加对关键领域核心技术的研发投资，补偿和奖励愿意进行基础性投入的企业。

(3) 建立协调机制。

推进高技术制造业集聚发展，借鉴国外先进经验，建立重大技术装备跨区域、跨行业、跨部门的协调机制，统筹制定装备制造业的相关政策，组织协调重大技术装备联合攻关等。加快高技术制造业产业园区建设，促进产业集聚发展，鼓励更多的中小企业与大企业配套发展，提升支柱产业规模及竞争力。

（4）加大鼓励创新的财税政策。

从财政方面应加大对企业技术创新的投入力度，在增加整体研究开发经费投入的同时，对企业参与国家重点技术领域和重大研究开发项目给予更多的支持。同时，对于新的法规都应有相配套的新税制给予支持。

3. 完善高技术制造业人才资源激励机制

一是加强高技术制造业专业人才储备，根据青岛高技术制造业发展的规划和布局，优化高校布局和学科分布，使人才供给与高技术制造业需求相匹配。二是通过各种政策与环境优势，吸引各类高科技人才来青发展，吸引海内外知名高校来青落户、设立分校或合作办学；有条件的高校建立院士工作站、博士后工作站、流动站，引导专家团队与青岛高技术制造业发展紧密结合，实现科研成果的就地转化，为产业发展供应高端智力支持。三是引进大项目、高端企业，特别要加强对产业链的合理规划和对引进项目带动当地经济发展状况的研究，以提升产业集聚水平，促进生产要素更加合理地流动。

（三）青岛市高技术制造业集群外围支撑体系

1. 营造良好高技术制造业营商环境

（1）用"引进来"促进合作交流。

优化营商环境，推进创新链、资金链、人才链、技术链深度聚集融合，激发市场主体活力。统筹配置国内外优势资源，充分利用中德、中日韩等国际合作交流机制平台，推动中日韩部长级人工智能研讨会及产业合作大会落户青岛，举办世界工业互联网大会、中国（青岛）国际软件融合创新博览会等大型展会，搭建高端交流平台，扩大行业交流合作。加强宣传引导，总结梳理各领域的先进理念、先进经验和先进模式，挖掘树立典型标杆，提炼形成可复制可推广的经验模式。

（2）实施"走出去"高技术制造业产业布局。

优势企业加大品牌和技术的输出，通过技术品牌、资产并购等，建立研发中心、实验基地和全球营销及服务体系，积极谋求市场主动权、资本主导权和技术制高点。利用互联网跨时空界限整合核心资源，大力发展境内外电子商务，结合线上线下销售手段进行双向销售。同时，要充分发挥政府保驾护航的作用，加强海外信息服务体系建设，不断完善对外投资法律法规和经营服务体系，为推进高技术制造业的国际化进程扫除政治、经济等方面的障碍。

2. 加速完善高技术制造业公共服务

青岛制造业在智造升级过程中，应重视并推进制造业与服务业协同发展，逐步实现从产品型制造到服务型制造的转变。青岛红领集团以10多年积累的板型数据库为基础，利用互联网技术全程数据驱动实现了规模化的个性服装定制，并通过C2M+O2O的模式创新实现了与用户的直接交互，是企业制造与服务融合的典范。制造产业高端化应积极依托专业化公共服务机构。青岛海洋科学与技术国家实验室、山东易华录"数据湖+"，联合国家超级计算中心，提供研发工具、检验测评、系统安全等专业化公共服务。支持系统解决方案供应商、联合装备制造商和软件开发商，推进关键技术装备、工业软件、工业互联网的集成应用。引导系统解决方案供应商联合融资租赁等专业公司，为企业提供系统解决方案、项目融资、工程建设等"一揽子"服务。引导龙头企业成立专门团队，为配套企业提供智能制造解决方案。力争在优势领域逐步培育3~5家国内知名的智能制造方案供应商。

3. 搭建融资担保服务平台，推动高技术制造业投资融资

本地企业的诞生、成长和持续创新离不开产业创新平台内金融机构的投资。成功的投资，不仅会促使企业的专业化分工，提高企业的生产率，而且会导致新知识或新技术的产生，增加平台内知识的存量，增强产业创新平台的创新潜力。创新平台的健康发展，不仅吸引区域外的企业集聚，区域内有

效的资本需求增加,还会吸引区域外金融和投资机构的进入。金融资本投入的增加,平台创新所需的资金得到了保证,激发了企业参与创新的积极性,进而增强了创新平台的创新优势。

应努力搭建融资担保、教育培训、技术市场推介、信息共享等服务平台,为高技术制造业发展创造良好环境。鼓励金融机构加大对高技术制造业企业的支持力度,支持高技术制造业企业通过上市融资、发行企业债券等方式筹集资金。

(四) 构建青岛市高技术制造业集群创新生态系统

1. 引入、培养、完善中枢企业,激发青岛市高技术制造业集群生态系统生命力

以海尔、海信、青啤、双星、澳柯玛五个主力军为重点培养对象,着力培养像阿里巴巴、华为等具有辐射、带动能力的龙头企业,利用中枢企业发挥工业互联网生态系统的衍生叠加效应,提高竞合共生效率,全力支持卡奥斯平台保持领先优势,发挥辐射带动作用,持续推广"大企业共建、中小企业共享"生态赋能模式,做强跨行业跨领域平台;每年新培育10家特色型专业型工业互联网平台,建设平台监测分析系统,实时汇聚监测40家以上平台数据,做优特色型、专业型平台;编制工业互联网公共服务平台建设及服务规范指南,支持工业互联网的创新生态进一步升级。

2. 加强网络生态建设,打破信息孤岛

(1) 可视化产业链数据,打造供应链联盟。

将市内具有规模性的工业企业资源进行整合,加强与服务性企业的合作,保障工业企业生产管理的精准度,将工业制造流程产生的实时数据反馈到智能化管理设备上,提升人力、设备、管理的透明性,借助完善的系统获取状态信息、传递控制指令,以此实现科学决策。在青岛市现代海洋、新一代信息技术、智能家电、新能源汽车等产业内部进行试点,改造提升装备制造、

高端化工、食品饮料、纺织服装等传统优势产业，将供应商和下游产业链之间的数据进行可视化，加强产业群之间的信息共享和技术共享程度，成立仓储、物流一体化车队，提升产品交付能力。鼓励各工业互联网平台对中小企业应用云计算资源及平台服务给予优惠，减轻其数字化负担，引导企业用户推广云平台。

（2）以关键技术为牵引，促进生态网络建设。

实施5G网络基站奖补政策，建设并开通5G基站3.5万个，其市内覆盖地区要均匀，10G—PON及以上宽带端口数量达到10万个以上，保持工业互联网的数字基建和用户密度处于全国领先水平，对于现实5G基站建设目标的电信运营企业，进行经营性补贴，支持采取共建共用的模式以促进电信资源高效利用。促进"4K应用示范小区"惠民政策落实，丰富工业互联网的实际消费场景，提升顾客的多维体验，提高居民的可接受程度。支持物联网、区块链、人工智能等核心技术落地青岛，选取若干地区进行试点，提升技术的地区实用性，拓宽应用服务范围。争取成为全国首批"5G+工业互联网"融合应用先导区，培育100个以上工业场景应用，打造5G全链接工厂；建设共性技术公共服务平台，推进青岛人工智能计算中心、智慧海洋大数据中心等算力载体规模建设，推动国家工业互联网大数据中心山东分中心与国家中心互联互通，加速工业互联网Handle标识解析（青岛）全球根节点建设，推动标识解析二级节点规模化应用，引进国内外高端技术产业链，培养多样化的工业互联网金融机构、物流企业、数据服务机构，使生态系统进一步完善。

3. 加强人才队伍建设，引导生态系统创新

支持重点企业建立工业互联网实验室、数据研究中心、工业实验室、技术研究中心等创新平台及研发机构，建立更多的国家级、省级制造业创新基地，推动建立若干市级制造业创新中心。引进"中科系、高校系、企业系、国际系"等多层次的研发机构，深入推进青岛蓝谷产业集群建设。要加快工业互联网相关新兴学科布局，设置工业互联网学科以及相关科目，举办不同

层级的工业互联网创新大赛，凝聚青岛市的相关学科专家，打破高校之间的技术壁垒、学科壁垒，将工业互联网产业链上、下游人才进行集聚，将通信工程、企业管理、机械工程、人工智能、装备制造、生物仿真等多专业进行融合，打造工业互联网与其他学科交叉的学科群。依托山东大学、中国海洋大学等学校的特色专业与海尔进行深入合作，培养专业型人才，在产业园区内建立互联网专业人才培训基地，以工业互联网企业为基地，开展新型学徒制试点。设立工业互联网人才教育培训专项基金，对于进行工业互联网试点的机构给予技术支持和政策补贴，凝聚多学科的业内资深人士进行合作，吸纳具备国际经验的师资力量，建立工业互联网培训师资库，扩大工业互联网人才的招生范围，提升招生的专业性，扩大人才培训规模。支持校企合作创新工业互联网培训方案，针对基层技术工作者，提升智能机器的操作熟练度和人机交互认知程度。

4. 多行业通力协作，优化生态系统结构

持续发展港口、海洋和旅游三大青岛特色经济，建设电子家电、石油化工、汽车机车集装箱造船和新材料四大产业基地，以核心产业为牵头，率先布局工业互联网生态，构建可持续发展工业互联网，推进新型工业进程。仅单一工业企业和行业发展工业互联网，难以激发叠加效应，不能实现成果的全方位覆盖，青岛市应以工业企业为主，将海洋产业、旅游产业、电子产业、化工产业之间的信息渠道打通，选取恰当的节点和地理位置进行产业集群布局，使得形成良好的合作生态，竭力突破现有的发展困境。

创新性机构是生态系统的重要组成部分，将创新性人才吸纳到核心技术研发机构和企业，进而对既有的成果进行价值开发，将科学研究的成果进行规模化、实践化，已有的专利数量并不等于实践效益，扩大民用、商用的广度和深度，以实质性的创新评价标准检验创新成果。加强科学研究和实体工业企业之间的协同、耦合效应，提升科研成果与商业价值之间的转换效率，面向消费者的实际需求，从而加强科研成果研究的针对性。

第八章 结论与展望

一、研究结论

高技术制造业作为国家发展的核心产业,在近年来引起众多学者的关注,中兴、华为等企业在产业链上受到的管制成为研究的热点,作为后发国家如何克服创新劣势在产业链上成为非常具有研究意义的课题。以产业链条中处于劣势的企业为切入点,分析其形成的原因、条件以及关于其他国家追赶式创新的经验,具有很强烈的现实意义与理论意义。本书的主要研究结论如下:

(1)以后发国家的高技术制造业创新的模块化陷阱为切入点,剖析其带来的企业模块化陷阱、行业进入门槛高、产业链上下游锁定、后发国家创新基础薄弱等问题,提出"联合创新"以及"差异化需求"既是后发国家也是中小企业发展的突破口,富士康化仅是众多的知识隔离机制之一,属于组织模块化的范畴,研发与其他环节相脱离的产业合作模式不利于高技术制造业下游企业的持久发展,以日美追赶式创新为借鉴,在追赶式创新的过程中,必须注重创新能力的持续输出,提升再反超能力,建立持久的战略目光,注意应用成果的转化效率。

(2)长三角高技术制造业集群的创新能力一直位于三大产业集群之首,创新能力有所波动,整体处于上升的状态,以数值来看,是京津冀集群和珠三角集群的两倍,2016~2020年其增长速度最为明显。京津冀高技术制造业集群的创新能力整体呈现出上升的状态,近年来却有所下降,珠三角高技术制造业产业集群的创新能力上升幅度较小,基本处于维持稳定的状态,但是这两者与长三角集群的创新能力仍存在较大的追赶空间。横向比较来看,长三角高技术产业集群的创新能力一直远超京津冀和珠三角集群,三个产业集群之间的创新差距为长三角—京津冀>长三角—珠三角>京津冀—珠三角,且长三角—京津冀之间的创新差距一直在不断拉大,长三角—珠三角之间的创新差距呈现出"M"形波动趋势,京津冀—珠三角之间的创新差距最小,但是创新差距也在不断拉大,京津冀集群只有在2017年创新能力超过珠三角,后来一直被珠三角赶超。

(3)我国高技术制造业在全国范围内的布局并不广泛,地理空间上的非均衡性突出。因此选取京津冀、长三角、珠三角进行案例分析,结果显示,长三角高技术制造业集群以北京为单一核心,内部极化现象明显,区域内部存在隔离、壁垒现象。长三角高技术制造业集群是三个之中创新能力和创新网络发展比较良好的地区,但是也存在区域辐射能力"东强西弱"的现象,珠三角高技术制造业集群是三大集群中均衡性最好的地区,三个创新中心齐头并进,但是高技术制造业集群的密度仍需提升,集群内部知识服务资源欠缺,产业链条和知识源点需要逐步完善。三大高技术制造业集群从整体来看,载体孵化能力与区域联动能力都需要进一步提升。

二、研究展望

高技术制造业集群创新是产业政策的研究范畴，也是政治经济学的部分，同样涵盖管理学科的知识，要提升高技术集群的创新能力、克服现有创新模式的短板，未来还有很长的路要走，本书受限于现实数据、研究水平等因素，仍然存在许多需要改进的地方：

（1）本书以模块化陷阱为切入点，将高技术制造业的创新问题放在产业链内进行解决，但是限于高技术制造业各个行业的制造流程存在集成化与模块化的差异，数据的获取存在限制，如果能深入将各个行业按照制造流程细分，先判定行业模块化程度再针对行业进行研究是更具有现实意义的工作。

（2）模块化所带来的问题较多，并非仅是生产流程的分散，还有上下游核心企业再集成的脆弱性以及复杂模块化带来的知识管理模糊，产业链上从事模块化的企业进行创新，需要重资产的研发水平以及在市场上实施差异化战略，也并非单一要素影响高技术制造业的成败，仅以现有的模块化解决方案实施，是单一视角的研究，还需从多个方面深入探讨创新风险以及管理方案。

（3）以数字经济的手段解决高技术制造业的创新问题，在现实中仍然存在落地难的问题，数字经济未来对于高技术制造业创新是否会带来创新差距拉大、数字鸿沟等问题还需深入研究。在产业集群发展的过程中，数字政府能掌握的"度"是非常重要的问题，产业政策的好坏与集群发展息息相关，高技术制造业集群中的中小企业的生存环境和产业资源依赖于政府产业政策的实施。

参考文献

［1］ Aboud E., Ahn S., Rogachev G. V., Johnson V. E., Bishop J., Christian G., Koshchiy E., Parker C. E., ScrivenD. P. Modular Next Generation Fast-neutron Detector for Portal Monitoring ［J］. Nuclear Science and Techniques, 2022, 33 (1).

［2］ Ann Markusen. Growing Pains: Thoughts on Theory, Method, and Politics for a Regional Science of the Future ［J］. International Regional Science Review, 1995, 17 (3).

［3］ Anonymous. Vesuvius ups Investments in Manufacturing, Innovation, and Sustainability ［J］. Modern Casting, 2022, 112 (7).

［4］ Banker R D, Kauffman R J, Mo A M. Strategic Information Technology Management: Perspectives on Organizational Growth and Competitive Advantage ［M］. Hershey PA: Idea Group, 1993.

［5］ Betsabé Pérez Garrido, Viktoriia Semenova, Szabolcs Szilárd Sebrek. Exploring the Profile of Innovative Enterprises in High-tech Manufacturing Sectors: The Case of the Regions of Madrid and Catalonia in 2016 ［J］. Regional Statistics, 2023, 13 (1).

［6］ Bin Qing Cai, Guo Hong Chen, Yi Jun Dai, Xin Huan Huang. Study on

Knowledge Spillover in Supply Chain-Style Industrial Cluster Based on Multi-Agent [J]. Applied Mechanics and Materials, 2011 (12).

[7] Bruno Cassiman, Reinhilde Veugelers. In Search of Complementarity in Innovation Strategy: Internal R&D and External Knowledge Acquisition [J]. Management Science, 2006, 52 (1).

[8] Björn Alecke, Christoph Alsleben, Frank Scharr, Gerhard Untiedt. Are there Really High-tech Clusters? The Geographic Concentration of German Manufacturing Industries and Its Determinants [J]. The Annals of Regional Science, 2006, 40 (1).

[9] Borovkov Alexey, Rozhdestvenskiy Oleg, Pavlova Elizaveta, Glazunov Alexey, Savichev Konstantin. Key Barriers of Digital Transformation of the High-Technology Manufacturing: An Evaluation Method [J]. Sustainability, 2021, 13 (20).

[10] Brusoni Stefano, Prencipe Andrea. Unpacking the Black Box of Modularity: Technologies, Products and Organizations [J]. Industrial and Corporate Change, 2001, 10 (1).

[11] Brusoni. S, Prencipe. A, Pavitt. K. Knowledge Specialization, Organizational Coupling. And the Boundaries of the Firm: Why Do Firms Know More than They Make? [J]. Administrative Science Quarterly, 2001 (4).

[12] Carliss Y. Baldwin. Where Do Transactions Come from? Modularity, Transactions, and the Boundaries of Firms [J]. Industrial and Corporate Change, 2008, 17 (1).

[13] Castelnovo Paolo. Innovation in Private and State-owned Enterprises: A Cross-industry Analysis of Patenting Activity [J]. Structural Change and Economic Dynamics, 2022 (62).

[14] CepleanuPascu Ionut Adrian, Stan Miruna, Cocioba Sebastian, Stoica

Ileana. Easy Method for Six-fragment Golden Gate Assembly of Modular Vectors [J]. BioTechniques, 2023, 2 (3).

[15] Chandrashekar Deepak, Mungila Hillemane Bala Subrahmanya. Absorptive Capacity, Cluster Linkages, and Innovation: An Evidence from Bengaluru High-tech Manufacturing Cluster [J]. Journal of Manufacturing Technology Management, 2018, 29 (1).

[16] Chaoji Pooja, Martinsuo Miia. Managers' Search Practices at the Front end of Radical Manufacturing Technology Innovations [J]. Creativity and Innovation Management, 2022, 31 (4).

[17] Chen Yunqi, Xu Yusen. The Influencing Factors and Improvement Paths of the Manufacturing Industry Innovation System of Products for the Elderly [J]. Mathematical Problems in Engineering, 2022 (12).

[18] Christian Richterøstergaard, Eunkyung Park. What Makes Clusters Decline? A Study on Disruption and Evolution of a High-tech Cluster in Denmark [J]. Regional Studies, 2015, 49 (5).

[19] Dong Young Kim, Bruce Fortado. Supplier Centrality, Innovation Value and Supplier Acquisition: Evidence from US High-tech Manufacturing Firms [J]. Journal of Manufacturing Technology Management, 2021, 33 (2).

[20] Du Xiaoyan, Wan Binghun, Long Wei, Xue Hui. Evaluation of Manufacturing Innovation Performance in Wuhan City Circle Based on DEA-BCC Model and DEA-Malmquist Index Method [J]. Discrete Dynamics in Nature and Society, 2022 (9).

[21] Eve D. Rosenzweig, Aleda V. Roth. Towards a Theory of Competitive Progression: Evidence from High-tech Manufacturing [J]. Production and Operations Management, 2004, 13 (4).

[22] Fang-Mei Tseng, Yu-Jing Chiu, Ja-Shen Chen. Measuring Business

Performance in the High-tech Manufacturing Industry: A Case Study of Taiwan's Large-sized TFT-LCD Panel Companies [J]. Omega, 2007, 37 (3).

[23] Fritz Machlup. Idealtypus, Wirklichkeit und Konstruktion [J]. Ordo: Jahrbuch für die Ordnung von Wirtschaft und Gesellschaft, 1960 (12).

[24] Gil Avnimelech, Dafna Schwartz, Raphael Bar-El. Entrepreneurial High-tech Cluster Development: Israel's Experience with Venture Capital and Technological Incubators [J]. European Planning Studies, 2007, 15 (9).

[25] Gary Vasilash. AMT 120 YEARS ON: Strength Meets Resilience [J]. Modern Machine Shop, 2022, 95 (5).

[26] Han Xiao, Zhang Jiayun. Business Model Innovation Paths of Manufacturing Oriented towards Green Development in Digital Economy [J]. International Journal of Environmental Research and Public Health, 2022, 19 (24).

[27] He Binbin, Mei Qiang, Jiang Mao Min. Evolutionary Game Analysis on Impacts of Organization Distance on Open Innovation Mode Selection of High-tech Industrial Clusters [J]. Mathematical Problems in Engineering, 2022 (10).

[28] Henning Skirde, Wolfgang Kersten, Meike Schröder. Measuring the Cost Effects of Modular Product Architectures—A Conceptual Approach [J]. International Journal of Innovation and Technology Management, 2016, 13 (4).

[29] Henry Chesbrough, Andrea Prencipe. Networks of Innovation and Modularity: A Dynamic Perspective [J]. Int. J. of Technology Management, 2008, 42 (4).

[30] Hinnerk Gnutzmann. Network Formation under Cumulative Advantage: Evidence from the Cambridge High-tech Cluster [J]. Computational Economics, 2008, 32 (4).

[31] Hride Fabliha Tasnim, Ferdousi Farhana, Jasimuddin Sajjad M. Linking Perceived Price Fairness, Customer Satisfaction, Trust, and Loyalty: A Struc-

tural Equation Modeling of Facebook-based E-commerce in Bangladesh [J]. Global Business and Organizational Excellence, 2021, 41 (3).

[32] Kannan Srikanth, Nandkumar A, Deepa Mani, Prashant Kale. How Firms Build Isolating Mechanisms for Knowledge: A Study in Offshore Research and Development Captives [J]. Strategy Science, 2020, 5 (2).

[33] Kim DaHyun, Kim Saehoon, Lee Jae Seung. The Rise and Fall of Industrial Clusters: Experience from the Resilient Transformation in South Korea [J]. The Annals of Regional Science, 2022 (12).

[34] Konstantinos Mykoniatis, Gregory A. Harris. A Digital Twin Emulator of a Modular Production System Using a Data-driven Hybrid Modeling and Simulation Approach [J]. Journal of Intelligent Manufacturing, 2021 (6).

[35] Kris M. Y. Law, Angappa Gunasekaran. Sustainability Development in High-tech Manufacturing Firms in Hong Kong: Motivators and Readiness [J]. International Journal of Production Economics, 2012, 137 (1).

[36] Lan Wang. Research on Collective Learning Mechanism and Influencing Factors of Industrial Cluster Innovation Network [J]. Research Journal of Applied Science, Engineering and Technology, 2013, 5 (6).

[37] Liu Jiamin, Fang Yongheng, Chi Yihan. Evolution of Innovation Networks in Industrial Clusters and Multidimensional Proximity: A Case of Chinese Cultural Clusters [J]. Heliyon, 2022, 8 (10).

[38] Liu Yi, Zhao Xuan, Mao Feng. The Synergy Degree Measurement and Transformation Path of China's Traditional Manufacturing Industry Enabled by Digital Economy. [J]. Mathematical Biosciences and Engineering: MBE, 2022, 19 (6).

[39] Liu Tingli, Chen Xiao, Yang Songling. Economic Policy Uncertainty and Enterprise Investment Decision: Evidence from China [J]. Pacific-Basin Finance Journal, 2022 (75).

[40] Ludovic Halbert. Collaborative and Collective: Reflexive Co-ordination and the Dynamics of Open Innovation in the Digital Industry Clusters of the Paris Region [J]. Urban Studies, 2012, 49 (11).

[41] Luo Junwei, Jang Joon Baek, Korambath Prakashan, Morales-Guio Carlos G., Davis James F., Christofides Panagiotis D. Digitalization of an Experimental Electrochemical Reactor via the Smart Manufacturing Innovation Platform [J]. Digital Chemical Engineering, 2022 (5).

[42] Malkani Haresh, Korambath Prakashan. Clean Energy Smart Manufacturing Innovation Institute (CESMII) Special Issue [J]. Journal of Advanced Manufacturing and Processing, 2022, 4 (4).

[43] Maroto Valer M. Guest Editorial: Innovation in the Manufacturing Sector: The Catalyst for a Decarbonised Future [J]. Johnson Matthey Technology Review, 2022 (3).

[44] Min Zhang. Study on the Architecture of China's Innovation Network of Automotive Industrial Cluster [J]. Engineering Management Research, 2014, 3 (2).

[45] Nayernia Hamed, Bahemia Hanna, Papagiannidis Savvas. A Systematic Review of the Implementation of Industry 4.0 from the Organisational Perspective [J]. International Journal of Production Research, 2022, 60 (14).

[46] Nicolay Worren, Karl Moore, Pablo Cardona. Modularity, Strategic Flexibility, and Firm Performance: A Study of the Home Appliance Industry [J]. Strategic Management Journal, 2002, 23 (12).

[47] Okubo Toshihiro, Okazaki Tetsuji, Tomiura Eiichi. Industrial Cluster Policy and Transaction Networks: Evidence from Firm-level Data in Japan [J]. Canadian Journal of Economics/Revue canadienne d'économique, 2022, 55 (4).

[48] Patrick Hickey, Muhammad Mustafa Kamal, Eugene Kozlovski. Viewpoint Enabling Circular Supply Chains in a High-tech Manufacturing Industry [J].

Journal of Enterprise Information Management, 2022, 35 (2).

[49] Peng Cheng, Elahi Ehsan, Fan Bingbing, Li Zenghui. Effect of High-tech Manufacturing Co-Agglomeration and Producer Service Industry on Regional Innovation Efficiency [J]. Frontiers in Environmental Science, 2022 (3).

[50] Pylaeva Irina S, Podshivalova Mariya V, Alola Andrew Adewale, Podshivalov Dmitrii V, Demin Alexander A. A New Approach to Identifying High-tech Manufacturing SMEs with Sustainable Technological Development: Empirical Evidence [J]. Journal of Cleaner Production, 2022 (3).

[51] Qiuyan Tao, Liyi Ma. Review of High Technology Industrial Clusters Innovation Network [J]. Information Technology Journal, 2013, 12 (21).

[52] Reda Cherif, Fuad Hasanov, Christoph Grimpe, Wolfgang Sofka. Promoting Innovation: The Differential Impact of R&D Subsidies [J]. IMF Working Papers, 2022 (192).

[53] Richard J. Gentry, Heather Elms. Firm Partial Modularity and Performance in the Electronic Manufacturing Services Industry [J]. Industry & amp; Innovation, 2009, 16 (6).

[54] Richard N. Langlois. Modularity in Technology and Organization [J]. Journal of Economic Behavior and Organization, 2002, 49 (1).

[55] Robin Cooper, Regine Slagmulder. Interorganizational Cost Management and Relational Context [J]. Accounting, Organizations and Society, 2004, 29 (1).

[56] Sapkota Binaya, Palaian Subish, Shrestha Sunil, Ozaki Akihiko, Mohamed Ibrahim Mohamed Izham, Jakovljevic Mihajlo. Gap Analysis in Manufacturing, Innovation and Marketing of Medical Devices in the Asia-Pacific Region. [J]. Expert Review of Pharmaco Economics & Outcomes Research, 2022, 22 (7).

[57] Sampat Chaitanya, Kotamarthy Lalith, Bhalode Pooja, Chen Yingjie, Dan Ashley, Parvani Sania, Dholakia Zeal, Singh Ravendra, Glasser Benjamin J., Ierapetritou Marianthi, Ramachandran Rohit. Enabling Energy-efficient Manufacturing of Pharmaceutical Solid oral Dosage Forms Via Integrated Techno-economic Analysis and Advanced Process Modeling [J]. Journal of Advanced Manufacturing and Processing, 2022, 4 (4).

[58] Sebastian K. Fixson, Jin-Kyu Park. The Power of Integrality: Linkages Between Product Architecture, Innovation, and Industry Structure [J]. Research Policy, 2008, 37 (8).

[59] Shawnee K. Vickery, Xenophon Koufteros, Cornelia Dröge, Roger Calantone. Product Modularity, Process Modularity, and New Product Introduction Performance: Does Complexity Matter? [J]. Production and Operations Management, 2016, 25 (4).

[60] Shibata Saori. Digitalization or Flexibilization? The Changing Role of Technology in the Political Economy of Japan [J]. Review of International Political Economy, 2022, 29 (5).

[61] Shi Jihui, Zhu Xiaolu. Potential Impacts of Foreign Divestment on China's High-tech Manufacturing Industry: A General Equilibrium Model-based Analysis [J]. Applied Economics Letters, 2023, 30 (2).

[62] Shin Jiwong, Choi Byungjoo. Design and Implementation of Quality Information Management System for Modular Construction Factory [J]. Buildings, 2022, 12 (5).

[63] Sebastian K. Fixson. Modularity and Commonality Research: Past Developments and Future Opportunities [J]. Concurrent Engineering, 2007, 15 (2).

[64] Sendil K. Ethiraj, Daniel Levinthal, Rishi R. Roy. The Dual Role of Modularity: Innovation and Imitation [J]. Management Science, 2008, 54 (5).

［65］Spitsin, V. V., Mikhalchuk, A., Vukovic, Darko B., Spitsina, L. Y. Technical Efficiency of High-Technology Industries in the Crisis: Evidence from Russia ［J］. Journal of the Knowledge Economy, 2022, 4 (5).

［66］Song Xiaoming, Tian Ze, Ding Chenhui, Liu Chao, Wang Wei, Zhao Ronggai, Xing Yingchun. Digital Economy, Environmental Regulation, and Ecological Well-Being Performance: A Provincial Panel Data Analysis from China ［J］. International Journal of Environmental Research and Public Health, 2022, 19 (18).

［67］Soniewicki Marcin. Is the Importance of Market Orientation Growing? A Study of High-tech Manufacturing Companies ［J］. Central European Management Journal, 2022, 30 (4).

［68］Suresh Kotha A, Shivaram Rajgopal A, Violina Rindova B. Reputation Building and Performance: An Empirical Analysis of the Top-50 Pure Internet Firms-ScienceDirect ［J］. European Management Journal, 2001, 19 (6): 571-586.

［69］Tan Youwei, Gu Zhihui, Chen Yu, Li Jiayun. Industry Linkage and Spatial Co-Evolution Characteristics of Industrial Clusters Based on Natural Semantics—Taking the Electronic Information Industry Cluster in the Pearl River Delta as an Example ［J］. Sustainability, 2022, 14 (21).

［70］Tsu Lung Chou, Chia-Ho Ching, Shu-min Fan, Jung-Ying Chang. Global Linkages, the Chinese High-tech Community and Industrial Cluster Development ［J］. Urban Studies, 2011, 48 (14).

［71］Tufail Habib, Jimmi Normann Kristiansen, Mohammad Bakhtiar Rana, Paavo Ritala. Revisiting the Role of Modular Innovation in Technological Radicalness and Architectural Change of Products: The Case of Tesla X and Roomba ［J］. Technovation, 2020 (98).

[72] Utterback J M, Brown J W. Monitoring for Technological Opportunities [J]. Business Horizons, 1974, 15 (2): 30-40.

[73] Wang Yaqin, Li Shengsheng, Wang Yuanyuan. The Impact of Financing Constraints and Uncertainty on Manufacturing Innovation Efficiency: An Empirical Analysis from Chinese Listed Firms [J]. Mathematical Problems in Engineering, 2022 (7).

[74] Wei Fang, Limin Xiao. Simulation of Knowledge Transfer Process Model between Universities: A Perspective of Cluster Innovation Network [J]. Complexity, 2018 (13).

[75] Wei Fang, Limin Xiao. Simulation of Knowledge Transfer Process Model Between Universities: A Perspective of Cluster Innovation Network [J]. Complexity, 2018 (13).

[76] Woltmann, Lucas, Volk, Peter, Dinzinger, Michael, Gräf, Lukas, Strasser, Sebastian, Schildgen, Johannes, Hartmann, Claudio, Lehner, Wolfgang. Data Science Meets High-tech Manufacturing-The BTW 2021 Data Science Challenge [J]. Datenbank-Spektrum, 2021 (6).

[77] Xiongfeng Pan, Ma Lin Song, Jing Zhang, Guangyou Zhou. Innovation Network, Technological Learning and Innovation Performance of High-tech Cluster Enterprises [J]. Journal of Knowledge Management, 2019, 23 (9).

[78] Yan Zhao, Wen Zhou, Stefan Hüsig, Wim Vanhaver Beke. Environment, Network Interactions and Innovation Performance of Industrial Clusters [J]. Journal of Science and Technology Policy in China, 2010, 1 (3).

[79] Ye Di, Zheng Linlin, He Peixu. Industry Cluster Innovation Upgrading and Knowledge Evolution: A Simulation Analysis Based on Small-World Networks [J]. SAGE Open, 2021, 11 (3).

[80] Ye Jiangfeng, Wan Qunchao, Li Ruida, Yao Zhu, Huang Du-

juan. How do R&D Agglomeration an Deconomic Policy Uncertainty Affect the Innovative Performance of Chinese High-tech in Dustry? [J]. Technology in Society, 2022 (69).

[81] Yin Yue, Yan Ming, Zhan Qiushi. Crossing the Valley of Death: Network Structure, Government Subsidies and Innovation Diffusion of Industrial Clusters [J]. Technology in Society, 2022 (71).

[82] Yan Zhao, Wen Zhou, Stefan Hüsig, Wim Vanhaver Beke. Environment, Network Interaction Sand Innovation Performan Ceo Findustrial Clusters [J]. Journal of Science and Technology Policyin China, 2010, 1 (3).

[83] Zandiatashbar Ahoura, Hamidi Shima. Exploring the Microgeography and Typology of U. S. High-tech Clusters [J]. Cities, 2022, 131.

[84] Zhang Liping, Xiong Kaiqi, Gao Xinzhi, Yang Yi. Factors Influencing Innovation Performance of China's High-end Manufacturing Clusters: Dual-perspective from the Digital Economy and the Innovation Networks [J]. Frontiers in Psychology, 2022 (13).

[85] Zhang Wei, Zhou Hao, Chen Jie, Fan Zifu. An Empirical Analysis of the Impact of Digital Economy on Manufacturing Green and Low-Carbon Transformation under the Dual-Carbon Background in China [J]. International Journal of Environmental Research and Public Health, 2022, 19 (20).

[86] Zhaogang Fu, Yu Fan, Miaoling Liu, Weilai Hao. Research on the Impact of Knowledge Integration on Collaborative Innovation between High Manufacturing; Tech-service Industry [J]. Industrial Engineering and Innovation Management, 2022, 5 (13).

[87] Zhong Shen, Liang Shuqi, Zhong Yuxin, Zheng Yunying, Wang Fengjun. Measure on Innovation Efficiency of China's Pharmaceutical Manufacturing Industry [J]. Frontiers in Public Health, 2022 (10).

[88] Zhong, Tang. Impact of Government Intervention on Industrial Cluster Innovation Network in Developing Countries［J］. Emerging Markets Finance and Trade, 2018, 54（14）.

［89］卜洪运, 陶玲玲. 基于指数型功效函数的高技术产业集群竞争力评价研究——以京津冀为例［J］. 工业技术经济, 2016, 35（7）.

［90］部彦君. 人工智能发展条件下国家的后发劣势分析［J］. 西部学刊, 2021（5）.

［91］蔡宁, 吴结兵. 产业集群的网络式创新能力及其集体学习机制［J］. 科研管理, 2005（4）.

［92］曹正勇. 数字经济背景下促进我国工业高质量发展的新制造模式研究［J］. 理论探讨, 2018（2）.

［93］曾可昕, 张小蒂. 数字商务与产业集群外部经济协同演化：产业数字化转型的一种路径［J］. 科技进步与对策, 2021, 38（16）：53-62.

［94］陈柳. 模块化、信息包裹与研发风险的分散［J］. 科学学研究, 2006（1）.

［95］陈柳, 张年华. 后发国家赶超理论与实践研究综述［J］. 现代经济探讨, 2022（1）.

［96］陈倩. 数字经济背景下的政府支持、产业集聚与跨境电商发展［J］. 商业经济研究, 2020（24）.

［97］陈文通. 所谓"中等收入陷阱"不过是后发展国家经济危机的特殊形式［J］. 中国浦东干部学院学报, 2016, 10（1）.

［98］陈瑶瑶, 池仁勇. 产业集群发展过程中创新资源的聚集和优化［J］. 科学学与科学技术管理, 2005（9）.

［99］陈云. 比较视野下的"中国模式"——分配正义的启示［J］. 复旦政治学评论, 2016（2）.

［100］戴卫明, 陈晓红, 肖光华. 产业集群的起源：基于区域效应和聚

集效应的博弈分析［J］．财经理论与实践，2005（1）．

［101］邓宇．后发国家探索独立自主发展道路的优劣势表现与路径选择［J］．西南金融，2022（1）．

［102］邓宇．后发国家探索独立自主发展道路的优劣势表现与路径选择［J］．西南金融，2022（1）．

［103］丁昭巧．粤港澳大湾区建设背景下制造业转型升级的路径与策略研究——以中山市为例［J］．广东开放大学学报，2020，29（3）．

［104］董灿．制造业陷入"低端锁定"陷阱的对策研究——以湖北省为例［J］．现代商贸工业，2021，42（32）．

［105］董华，江珍珍．大数据驱动下制造企业服务化战略：基于"服务悖论"克服的视角［J］．南方经济，2018（10）．

［106］樊钱涛．产业集群的知识溢出和知识获取［J］．工业技术经济，2006（12）．

［107］冯萍．创新驱动、制造业企业研发投入与区域经济均衡发展［D］．湖南大学博士学位论文，2020．

［108］傅晓霞，吴利学．技术差距、创新路径与经济赶超——基于后发国家的内生技术进步模型［J］．经济研究，2013，48（6）．

［109］傅羿芳，朱斌．高科技产业集群持续创新生态体系研究［J］．科学学研究，2004（S1）．

［110］盖文启，张辉，吕文栋．国际典型高技术产业集群的比较分析与经验启示［J］．中国软科学，2004（2）．

［111］耿红军，王昶．后发国家技术创新能力国际研究的系统回顾［J］．科学学与科学技术管理，2020，41（5）．

［112］郭思文．进口渗透对制造业企业市场进入影响研究［D］．对外经济贸易大学博士学位论文，2021．

［113］郭熙保，胡汉昌．后发优势新论——兼论中国经济发展的动力

[J]．武汉大学学报（哲学社会科学版），2004（3）．

［114］郭熙保，文礼朋．从技术模仿到自主创新——后发国家的技术成长之路［J］．南京大学学报（哲学·人文科学·社会科学版），2008（1）．

［115］何国勇，徐长生．比较优势、后发优势与中国新型工业化道路［J］．经济学家，2004（5）．

［116］何文彬．全球价值链视域下数字经济对我国制造业升级重构效应分析［J］．亚太经济，2020（3）．

［117］何雅兴．技术进步与双重价值链嵌入［D］．西南财经大学博士学位论文，2021．

［118］赫尔曼·西蒙，毕海．战略竞争优势［J］．商学院，2004（2）．

［119］黄冬娅，刘万群．被挤压的市场机会——后发国家技术追赶的结构性困境与消解［J］．探索与争鸣，2022（9）．

［120］黄玮强，庄新田，姚爽．基于创新合作网络的产业集群知识扩散研究［J］．管理科学，2012，25（2）．

［121］霍苗，李凯，李世杰．根植性、路径依赖性与产业集群发展［J］．科学学与科学技术管理，2011，32（11）．

［122］贾根良．后发工业化国家制度创新的三种境界——演化经济学假说并与杨小凯教授商榷［J］．南开经济研究，2003（5）．

［123］江诗松，龚丽敏，魏江．后发企业能力追赶研究探析与展望［J］．外国经济与管理，2012，34（3）．

［124］姜安印，张帆，苏志．信息基础设施建设与企业创新"增量提质"关系研究——基于数字化、网络化、智能化时代特征的考量［J］．价格理论与实践，2023（1）．

［125］姜磊，季民河．城市化、区域创新集群与空间知识溢出——基于空间计量经济学模型的实证［J］．软科学，2011，25（12）．

［126］焦勇．数字经济赋能制造业转型：从价值重塑到价值创造［J］．

经济学家，2020（6）.

［127］康江江．长江三角洲城市群地区制造业专业化与集聚演变研究［D］．华东师范大学博士学位论文，2020.

［128］雷少华．超越地缘政治——产业政策与大国竞争［J］．世界经济与政治，2019（5）.

［129］李安．技术创新模式与中国制造业转型升级研究［D］．吉林大学博士学位论文，2020.

［130］李平，李蕾蕾．基础研究对后发国家技术进步的影响——基于技术创新和技术引进的视角［J］．科学学研究，2014，32（5）.

［131］李洋，欧光军，雷霖．基于知识生态位整合的高技术产业集群协同创新机理研究［J］．企业经济，2016（9）.

［132］李业正．区域协同机制下数字经济与商贸流通业协调发展——基于西南地区的实证分析［J］．商业经济研究，2023（5）.

［133］李颖．我国高技术制造业产业集中度与技术创新关系研究［D］．首都经济贸易大学博士学位论文，2019.

［134］李赟．我国生产性服务业和制造业融合与结构变迁的协同发展研究［D］．山西财经大学博士学位论文，2022.

［135］李云智．"后发优势"：理论基础、现实困境与破解路径［J］．学习与探索，2021（2）.

［136］李志遂，聂常虹，刘倚溪，贺舟．大科学装置（集群）驱动型创新生态系统的理论模型与实证研究［J］．管理评论，2023，35（1）.

［137］林杨，唐昭，王君，张翔，陈向东．模块化局限与再集成发展模式分析——基于复杂产品体系视角［J］．工业技术经济，2021，40（8）.

［138］林毅夫．转型国家需要有效市场和有为政府［J］．中国经济周刊，2014（6）.

［139］凌丹，桂森，刘慧岭．生产性服务业中间投入对制造业出口技术

复杂度的影响研究[J].北京邮电大学学报（社会科学版），2020，22（3）.

[140] 刘培伟，宋明爽."后发优势"视野下的中国式自主创新[J].山东农业大学学报（社会科学版），2017，19（4）.

[141] 刘万群.国家推动技术进步何以可能？——关于技术追赶和创新中的国家角色分析[J].公共行政评论，2021，14（6）.

[142] 刘小鲁.知识产权保护、自主研发比重与后发国家的技术进步[J].管理世界，2011（10）.

[143] 刘筱，王铮，赵晶媛.政府在高技术产业集群中的作用——以深圳为例[J].科研管理，2006（4）：36-43.

[144] 刘永飞.中国政府规制对制造业与高技术服务业融合的影响研究[D].吉林大学博士学位论文，2022.

[145] 罗若愚.我国区域间企业集群的比较及启示[J].南开经济研究，2002（6）.

[146] 罗炜，唐元虎.大学—企业合作创新的博弈分析[J].系统工程，2002（1）.

[147] 马永驰，季琳莉.从"微笑曲线"看"中国制造"背后的陷阱[J].统计与决策，2005（10）.

[148] 孟繁锦.技术进步偏向对就业与工资差距的影响[D].东北财经大学博士学位论文，2021.

[149] 孟庆时，余江，陈凤.深度数字化条件下的突破性创新机遇与挑战[J].科学学研究，2022，40（7）.

[150] 宓泽锋，邱志鑫，尚勇敏，周灿.长三角区域创新集群的技术创新联系特征及影响探究——以新材料产业为例[J].地理科学，2022，42（9）.

[151] 缪小明，李刚.基于不同介质的产业集群知识溢出途径分析[J].科研管理，2006（4）.

［152］欧光军，杨青，雷霖．国家高新区产业集群创新生态能力评价研究［J］．科研管理，2018，39（8）．

［153］潘涛．"一带一路"OFDI逆向技术溢出的制造业升级效应研究［D］．河北大学博士学位论文，2021．

［154］庞加兰，张海鑫，王倩倩．数字普惠金融、融资约束与民营经济高质量发展［J］．统计与决策，2023（5）．

［155］戚聿东，杜博，叶胜然．知识产权与技术标准协同驱动数字产业创新：机理与路径［J］．中国工业经济，2022（8）．

［156］冉连，曾天飏．"互联网+大数据"背景下的网络集群行为：生成机理与治理策略［J］．情报杂志，2023（4）．

［157］任佳明．数字经济对高技术制造业高质量发展的影响研究［D］．山西财经大学硕士学位论文，2022．

［158］任家华，王成璋．基于全球价值链的高新技术产业集群转型升级［J］．科学学与科学技术管理，2005（1）．

［159］沈于．再集成：一种模块化陷阱［D］．南京大学硕士学位论文，2012．

［160］沈运红，黄桁．数字经济水平对制造业产业结构优化升级的影响研究——基于浙江省2008—2017年面板数据［J］．科技管理研究，2020，40（3）．

［161］石城宇，韦铁．后发企业技术追赶影响因素作用关系研究［J］．广西经济，2021，39（Z3）．

［162］宋磊．中国版模块化陷阱的起源、形态与企业能力的持续提升［J］．学术月刊，2008（2）．

［163］宋宪萍．分工、陷阱与模块化［J］．云南社会科学，2010（1）．

［164］宋宪萍，曹宇驰．数字经济背景下全球价值链的风险及其放大：表征透视、机理建构与防控调适［J］．经济学家，2022（5）：78-86．

[165] 隋苑．中国生产性服务业和制造业协同集聚对创新效率的影响研究［D］．吉林大学博士学位论文，2022．

[166] 孙智君，安睿哲，常懿心．中国特色现代化产业体系构成要素研究——对中共二十大报告精神学习阐释［J］．金融经济学研究，2023，38（1）．

[167] 孙丹，徐辉．"知识社区"知识生产、弥散与应用的逻辑理路——基于创新生态系统理论视角［J］．科学管理研究，2022，40（5）．

[168] 孙德林，王晓玲．数字经济的本质与后发优势［J］．当代财经，2004（12）．

[169] 王德辉，吴子昂．数字经济促进我国制造业转型升级的机制与对策研究［J］．长白学刊，2020（6）．

[170] 王鹏飞，张红霞，曹洪军．基于BP神经网络的产业集群创新能力研究［J］．科学学与科学技术管理，2005（5）．

[171] 王象路，罗瑾琏，李树文，唐慧洁，张志菲．组织数字化变革的悖论关系与协同机制研究［J］．中国人力资源开发，2023，40（2）．

[172] 王晓娟．知识网络与集群企业创新绩效——浙江黄岩模具产业集群的实证研究［J］．科学学研究，2008（4）．

[173] 王铮，毛可晶，刘筱，赵晶媛，谢书玲．高技术产业聚集区形成的区位因子分析［J］．地理学报，2005（4）．

[174] 魏江．小企业集群创新网络的知识溢出效应分析［J］．科研管理，2003（4）．

[175] 魏江，徐蕾．知识网络双重嵌入、知识整合与集群企业创新能力［J］．管理科学学报，2014，17（2）．

[176] 吴晓波，付亚男，吴东，雷李楠．后发企业如何从追赶到超越？——基于机会窗口视角的双案例纵向对比分析［J］．管理世界，2019，35（2）．

[177] 吴晓波, 张馨月, 沈华杰. 商业模式创新视角下我国半导体产业"突围"之路 [J]. 管理世界, 2021, 37 (3).

[178] 武晓辉, 韩之俊, 杨世春. 区域产业集群生态位理论和模型的实证研究 [J]. 科学学研究, 2006 (6).

[179] 肖海军, 罗迎. 数字经济时代平台企业混合合并的反垄断规制 [J]. 甘肃社会科学, 2023 (2).

[180] 许强, 应翔君. 核心企业主导下传统产业集群和高技术产业集群协同创新网络比较——基于多案例研究 [J]. 软科学, 2012, 26 (6).

[181] 许悦雷. 经济发展新动能视角下高技术制造业发展研究——以辽宁省沈阳市为例 [J]. 党政干部学刊, 2020 (6).

[182] 闫华飞. 创业行为、创业知识溢出与产业集群发展绩效 [J]. 科学学研究, 2015, 33 (1).

[183] 颜克益, 芮明杰, 巫景飞. 产业集聚视角下高技术产业创新绩效影响因素研究——基于中国省际面板数据 (1998~2007) 的研究 [J]. 经济与管理研究, 2010 (12).

[184] 杨桂菊, 陈思睿, 王彤. 本土制造企业低端颠覆的理论与案例研究 [J]. 科研管理, 2020, 41 (3).

[185] 杨皎平, 侯楠, 王乐. 集群内知识溢出、知识势能与集群创新绩效 [J]. 管理工程学报, 2016, 30 (3).

[186] 杨菊萍, 贾生华. 知识扩散路径、吸收能力与区域中小企业创新——基于浙江省3个传统制造业集群的实证分析 [J]. 科研管理, 2009, 30 (5).

[187] 杨蕾, 陈先哲. 从"中心—边缘"到创新网络：知识溢出视野下的粤港澳大湾区高等教育集群发展 [J]. 现代大学教育, 2022, 38 (5).

[188] 杨文溥. 数字经济与区域经济增长：后发优势还是后发劣势？ [J]. 上海财经大学学报, 2021, 23 (3).

［189］易秋平，刘友金．产业集群治理研究：现状与契约经济学新视角［J］．湖湘论坛，2011，24（5）．

［190］尹伟华．中美高技术制造业双边贸易分解及潜力分析［J］．上海经济研究，2020（6）．

［191］尹亚红，刘佳舟．海外并购、金融发展与高技术制造业技术创新关系研究［J］．江西社会科学，2020，40（7）．

［192］余东华，李云汉．数字经济时代的产业组织创新——以数字技术驱动的产业链群生态体系为例［J］．改革，2021（7）．

［193］张春莲．数字经济对流通企业技术创新影响的实证分析［J］．商业经济研究，2023（5）．

［194］张海笔，刘春芝．基于隐性知识传播的体育产业集群创新研究［J］．沈阳师范大学学报（社会科学版），2010，34（5）．

［195］张静，安少凯．数字经济对流通业现代化的影响——基于消费规模扩张和结构升级的视角［J］．商业经济研究，2023（5）．

［196］张宁宁．美国对华贸易政策与中国制造业嵌入全球价值链分工研究［D］．山东大学博士学位论文，2021．

［197］张鹏．分工均衡演化视角下发展中国家模块化陷阱演进及其跨越［J］．中国科技论坛，2013（10）．

［198］张鹏，刘国光．模块化、模块再整合与模块企业创新升级［J］．商业研究，2014（7）．

［199］张亚斌，易先忠，刘智勇．后发国家知识产权保护与技术赶超［J］．中国软科学，2006（7）．

［200］张治栋，荣兆梓．模块化悖论与模块化战略［J］．中国工业经济，2007（2）．

［201］赵西三．数字经济驱动中国制造转型升级研究［J］．中州学刊，2017（12）．

［202］钟世川，郑锐豪，黄慧红．粤港澳大湾区协调发展演化及收敛性分析［J］．统计与决策，2023（5）．

［203］仲伟俊，梅姝娥．创新驱动后发国家制造业高质量发展路径研究——基于产品视角［J］．科技与经济，2021，34（2）．

［204］周毅，许召元，李燕．日本经验对我国制造业高质量发展的启示［J］．发展研究，2020（5）：9-13.

［205］朱桂龙，赛夫，秦梓韬．中国各省创新水平关键影响因素及发展路径识别——基于模糊集定性比较分析［J］．科学学与科学技术管理，2021，42（9）．

［206］朱秀梅，蔡莉，张危宁．基于高技术产业集群的知识溢出传导机制研究［J］．工业技术经济，2006（5）．

附录一

表1 指标体系原始数据（一）

2020年	单位	北京	天津	河北	上海	江苏	浙江	安徽	广东
1	次	66862	13660	11457	8269	49715	20337	15262	45949
2	亿元	6316	1089	554	1583	2087	1403	233	3267
3	个	54	10	13	24	45	26	12	31
4	个	15	1	3	13	15	6	1	3
5	个	393	17	20	260	30	148	30	99
6	项	57	51	63	8	78	67	30	246
7	项	966	1851	3121	1093	859	6111	20096	4306
8	件	17502	4973	16189	8213	16629	19654	6086	88953
9	件	18507	2023	7496	13030	8053	8619	817	64958
10	个	246	104	274	165	928	437	208	1079
11	千万	124609	19474	32191	138702	342197	151851	84484	415876
12	项	7146	2785	2095	6329	15699	4085	3179	19357
13	个	7	51	41	5	30	6	120	92
14	个	232	209	645	144	898	735	252	993
15	个	7843	114	360	18681	5499	4331	1823	4767
16	个	2	4	4	5	12	2	3	14
17	个	1	9	13	10	135	52	19	27
18	个	13	12	14	14	31	9	8	20
19	个	1	1	5	2	18	8	6	14

续表

2019年	单位	北京	天津	河北	上海	江苏	浙江	安徽	广东
1	次	47338	4488	14085	12056	74672	26131	19706	12275
2	万元	5695	909	381	1422	1471	888	148	2223
3	个	59	10	13	24	45	26	12	31
4	个	15	1	3	13	15	6	1	3
5	个	379	66	1	121	261	118	52	174
6	项	69	21	61	7	89	110	31	285
7	项	966	2300	353	1301	192	6879	16252	3664
8	件	15745	3972	15404	7268	15959	11527	5902	76216
9	件	16959	1303	7238	11189	6634	7956	771	43737
10	个	130	81	251	175	832	363	170	1013
11	千万	118866	27802	27765	122817	311998	139354	75359	382215
12	项	7059	1517	1711	3933	14517	3094	2237	9740
13	个	12	55	61	5	32	1	128	22
14	个	245	191	513	164	836	709	272	952
15	个	7006	1194	350	14636	5850	3998	1461	3882
16	个	2	4	4	5	12	2	3	14
17	个	1	9	12	10	125	49	18	25
18	个	12	9	11	14	28	9	7	20
19	个	1	1	5	2	18	8	6	14
2018年	单位	北京	天津	河北	上海	江苏	浙江	安徽	广东
1	次	49552	3374	17206	12608	61077	23465	26397	16833
2	万元	4957	685	275	1225	991	590	115	1365
3	个	58	11	13	26	45	27	13	34
4	个	15	1	3	13	15	6	1	2
5	个	471	63	6	285	189	148	39	38
6	项	56	20	65	8	73	86	12	228
7	项	1	1	1	1	1	1	1	1
8	件	14512	3564	13839	8610	11905	9112	5966	80730
9	件	14162	1155	6538	8984	4387	6014	815	34244
10	个	152	72	228	180	695	321	157	962

续表

2018年	单位	北京	天津	河北	上海	江苏	浙江	安徽	广东
11	千万	107960	23592	30807	241834	89717	70572	65008	241468
12	项	6905	1353	1160	3392	11547	2826	2061	955
13	个	2	61	65	5	32	59	128	106
14	个	147	151	493	152	699	622	265	716
15	个	5822	5781	2088	6047	25075	16329	4250	59251
16	个	3	4	4	5	12	2	3	14
17	个	1	9	12	10	127	49	18	25
18	个	13	9	11	14	27	8	7	20
19	个	1	1	5	2	17	8	5	12
2017年	单位	北京	天津	河北	上海	江苏	浙江	安徽	广东
1	次	66595	3374	17206	12608	61077	23465	26397	16833
2	万元	4486	685	275	1225	991	590	115	1365
3	个	58	11	13	26	45	27	13	34
4	个	15	1	3	13	15	6	1	2
5	个	471	63	6	285	189	148	39	38
6	项	56	20	65	8	73	86	12	228
7	项	1	1	1	1	1	1	1	1
8	件		3564	13839	8610	11905	9112	5966	80730
9	件		1155	6538	8984	4387	6014	815	34244
10	个	152	72	228	180	695	321	157	962
11	千万	1070960	23592	30807	241834	89717	70572	65008	241468
12	项	6905	1353	1160	3392	11547	2826	2061	955
13	个	2	61	65	5	32	59	128	106
14	个	147	151	493	152	699	622	265	716
15	个	5822	5781	2088	6047	25075	16329	4250	59251
16	个	3	4	4	5	12	2	3	14
17	个	1	9	12	10	127	49	18	25
18	个	13	9	11	14	27	8	7	20
19	个	1	1	5	2	17	8	5	12

续表

2016年	单位	北京	天津	河北	上海	江苏	浙江	安徽	广东
1	次	66595	4447	17094	14416	67834	18298	25980	17614
2	万元	4486	551	88	810	778	324	96	937
3	个	58	11	13	26	45	27	13	34
4	个	15	1	3	13	15	6	1	2
5	个	353	58	0	159	123	114	41	36
6	项	48	54	64	5	69	90	15	137
7	项	1	1	1	1	1	1	1	1
8	件	1612	379	704	1293	1755	1579	1759	6491
9	件	66	2329	3905	6390	3237	6437	774	19123
10	个	105	71	139	176	610	235	139	754
11	千万	1070960	23592	30807	112486	241834	89717	70572	241468
12	项	6300	519	932	4510	11859	1337	1764	946
13	个	6	84	78	5	32	69	125	79
14	个	185	155	358	172	588	415	133	692
15	个	5206	884	290	12656	5426	3241	1193	3473
16	个	3	4	4	5	12	2	3	14
17	个	1	9	13	10	129	49	16	25
18	个	13	8	11	14	18	11	5	15
19	个	1	1	5	2	17	8	5	12
2015年	单位	北京	天津	河北	上海	江苏	浙江	安徽	广东
1	次	77274	5304	22840	1462	2599	1314	501	700
2	万元	3940	552	58	780	635	198	79	758
3	个	58	11	13	26	45	27	13	34
4	个	15	1	3	13	15	16	1	3
5	个	385	54	2	26	45	27	13	34
6	项	37	55	121	149	100	119	163	37
7	项	1	1	1	1	1	1	1	1
8	件	738	436	640	330	1055	1583	641	5218
9	件	2915	1962	5067	63	1556	5364	738	13462

续表

2015年	单位	北京	天津	河北	上海	江苏	浙江	安徽	广东
10	个	101	108	102	156	548	160	109	576
11	千万	99377	46656	30922	100925	219717	77528	63857	232539
12	项	5166	1080	905	5718	19193	4855	4600	13014
13	个	10	153	90	6	32	81	118	106
14	个	133	143	291	111	407	255	105	508
15	个	4628	1077	185	10890	5289	2850	885	3442
16	个	3	2	4	3	7	2	3	5
17	个	2	8	13	7	118	49	13	25
18	个	13	6	12	7	12	8	6	11
19	个	1	1	5	2	15	8	4	11

附录二

表2 指标体系原始数据（二）

名称	省份	城市	lon	lat
海南国际科技工业园	海南	海口	110.26	20.01
福州市科技园区	福建	福州	119.32	26.04
江苏泰州高港高新技术产业园区	江苏	泰州	119.87	32.34
上海高新技术产业开发区	上海	上海	121.48	31.25
天津新技术产业园区	天津	天津	117.20	39.14
襄樊高新技术产业开发区	湖北	襄阳	112.16	32.09
河南安阳高新技术产业园区	河南	安阳	114.34	36.10
甘肃白银高新技术产业园区	甘肃	白银	104.17	36.53
安徽蚌埠高新技术产业园区	安徽	蚌埠	117.34	32.93
广西北海高新技术产业园区	广西	北海	109.12	21.43
新疆昌吉高新技术产业园区	新疆	昌吉	87.09	44.08
河北承德高新技术产业园区	河北	承德	117.92	40.98
山东禹城高新技术产业园区	山东	德州	116.57	36.91
广东东莞松山湖高新技术产业园区	广东	东莞	113.89	22.93
辽宁阜新高新技术产业园区	辽宁	阜新	121.65	42.01

续表

名称	省份	城市	lon	lat
湖南衡阳高新技术产业园区	湖南	衡阳	112.57	26.90
江西吉安高新技术产业园区	江西	吉安	114.98	27.11
山东济宁高新技术产业园区	山东	济宁	116.59	35.40
广东江门高新技术产业园区	广东	江门	113.07	22.57
辽宁锦州高新技术产业园区	辽宁	锦州	121.13	41.08
江西景德镇高新技术产业园区	江西	景德镇	117.10	29.26
江苏昆山高新技术产业园区	江苏	苏州	120.88	31.36
四川乐山高新技术产业园区	四川	乐山	103.73	29.54
江苏连云港高新技术产业园区	江苏	连云港	119.18	34.65
辽宁辽阳高新技术产业园区	辽宁	辽阳	123.16	41.27
山东临沂高新技术产业园区	山东	临沂	118.69	37.43
广西柳州高新技术产业园区	广西	柳州	109.41	24.33
河南南阳高新技术产业园区	河南	南阳	112.53	33.01
宁波高新技术产业园区	浙江	宁波	121.57	29.88
河南平顶山高新技术产业园区	河南	平顶山	113.29	33.74
福建莆田高新技术产业园区	福建	莆田	118.99	25.42
浙江衢州高新技术产业园区	浙江	衢州	118.85	28.90
福建泉州高新技术产业园区	福建	泉州	118.54	24.91
福建三明高新技术产业园区	福建	三明	117.63	26.27
广东汕头高新技术产业园区	广东	汕头	116.72	23.38
上海紫竹高新技术产业园区	上海	上海	121.25	31.03
山东泰安高新技术产业园区	山东	泰安	117.08	36.18
河北唐山高新技术产业园区	河北	唐山	118.17	39.69
陕西渭南高新技术产业园区	陕西	渭南	109.47	34.50

续表

名称	省份	城市	lon	lat
安徽芜湖高新技术产业园区	安徽	芜湖	118.37	31.36
江苏武进高新技术产业园区	江苏	常州	119.93	31.67
陕西咸阳高新技术产业园区	陕西	咸阳	108.70	34.34
湖南湘潭高新技术产业园区	湖南	湘潭	112.92	27.83
河南新乡高新技术产业园区	河南	新乡	113.89	35.24
山东烟台高新技术产业园区	山东	烟台	121.30	37.53
湖南益阳高新技术产业园区	湖南	益阳	112.35	28.55
辽宁营口高新技术产业园区	辽宁	营口	122.22	40.66
云南玉溪高新技术产业园区	云南	玉溪	102.54	24.37
广东源城高新技术产业园区	广东	河源	113.94	22.54
山东枣庄高新技术产业园区	山东	枣庄	117.27	34.80
山西长治高新技术产业园区	山西	长治	113.11	36.20
广东肇庆高新技术产业园区	广东	肇庆	112.47	23.08
四川自贡高新技术产业园区	四川	自贡	104.81	29.33
贵州安顺黎阳高新技术产业园区	贵州	安顺	106.26	26.37
西安阎良高新技术产业园区	陕西	西安	109.30	34.68
西安韦曲高新技术产业园区	陕西	西安	108.94	34.16
新疆石河子工业园区	新疆	石河子	86.09	44.30
福建南靖高新技术产业园区	福建	漳州	117.28	24.67
江苏无锡蠡园高新技术产业园区	江苏	无锡	120.88	31.36
辽宁葫芦岛高新技术产业园区	辽宁	葫芦岛	120.80	40.72
上海未来岛高新技术产业园区	上海	上海	121.37	31.27
南京白下高新技术产业园区	江苏	南京	118.86	32.02
中关村科技园区	北京	北京	116.47	40.01

续表

名称	省份	城市	lon	lat
中关村科技园区海淀园	北京	北京	116.67	40.09
中关村科技园区德胜园	北京	北京	116.67	40.09
中关村科技园区昌平园	北京	北京	116.67	40.09
中关村科技园区丰台园	北京	北京	116.67	40.09
中关村科技园区电子城	北京	北京	116.67	40.09
中关村科技园区亦庄园	北京	北京	116.67	40.09
中关村科技园区石景山园	北京	北京	116.67	40.09
中关村科技园区大兴生物医药基地	北京	北京	116.67	40.09
石家庄高新技术产业开发区	河北	石家庄	114.43	38.02
保定高新技术产业开发区	河北	保定	115.48	38.88
太原高新技术产业开发区	山西	太原	112.54	37.88
包头稀土高新技术产业开发区	内蒙古	包头	109.84	40.63
沈阳高新技术产业开发区	辽宁	沈阳	123.43	41.70
大连高新技术产业园区	辽宁	大连	121.52	38.86
鞍山高新技术产业开发区	辽宁	鞍山	123.00	41.11
长春高新技术产业开发区	吉林	长春	125.24	43.82
吉林高新技术产业开发区	吉林	吉林	125.24	43.82
哈尔滨高新技术产业开发区	黑龙江	哈尔滨	126.54	45.82
大庆高新技术产业开发区	黑龙江	大庆	125.14	46.57
南京高新技术产业开发区	江苏	南京	118.77	32.05
无锡高新技术产业开发区	江苏	无锡	120.40	31.50
常州高新技术产业开发区	江苏	常州	119.97	31.84
苏州高新技术产业开发区	江苏	苏州	120.55	31.29
杭州高新技术产业开发区	浙江	杭州	120.21	30.26

续表

名称	省份	城市	lon	lat
合肥高新技术产业开发区	安徽	合肥	117.17	31.83
厦门火炬高技术产业开发区	福建	厦门	118.11	24.51
南昌高新技术产业开发区	江西	南昌	115.95	28.69
济南高新技术产业开发区	山东	济南	117.01	36.68
青岛高新技术产业开发区	山东	青岛	120.43	36.12
淄博高新技术产业开发区	山东	淄博	118.05	36.80
潍坊高新技术产业开发区	山东	潍坊	119.17	36.72
威海火炬高技术产业开发区	山东	威海	122.06	37.52
郑州高新技术产业开发区	河南	郑州	113.63	34.74
洛阳高新技术产业开发区	河南	洛阳	112.43	34.65
长沙高新技术产业开发区	湖南	长沙	112.97	28.21
株洲高新技术产业开发区	湖南	株洲	113.12	27.82
广州高新技术产业开发区	广东	广州	113.29	23.14
深圳市高新技术产业园区	广东	深圳	113.94	22.54
珠海高新技术产业开发区	广东	珠海	113.55	22.25
佛山高新技术产业开发区	广东	佛山	113.12	23.03
惠州仲恺高新技术产业开发区	广东	惠州	114.34	23.03
中山火炬高技术产业开发区	广东	中山	113.46	22.56
南宁高新技术产业开发区	广西	南宁	108.29	22.84
桂林高新技术产业开发区	广西	桂林	110.25	25.26
重庆高新技术产业开发区	重庆	重庆	106.52	29.54
成都高新技术产业开发区	四川	成都	104.06	30.59
绵阳高新技术产业开发区	四川	绵阳	104.70	31.50
贵阳高新技术产业开发区	贵州	贵阳	106.70	26.63

续表

名称	省份	城市	lon	lat
昆明高新技术产业开发区	云南	昆明	102.66	25.05
西安高新技术产业开发区	陕西	西安	109.00	34.25
宝鸡高新技术产业开发区	陕西	宝鸡	107.12	34.35
杨凌农业高新技术产业示范区	陕西	西安	108.09	34.25
兰州高新技术产业开发区	甘肃	兰州	103.87	36.05
乌鲁木齐高新技术产业开发区	新疆	乌鲁木齐	87.57	43.87
福州高新技术产业园区	福建	福州	119.27	26.12
山东即墨高新技术产业园区	山东	青岛	120.51	36.48
山东龙口高新技术产业园区	山东	烟台	120.51	37.60
山东潍坊凤凰山高新技术产业园区	山东	潍坊	119.34	36.32
山东肥城高新技术产业园区	山东	泰安	116.73	36.11
广东梅州高新技术产业园区	广东	梅州	116.00	24.04
成都金牛高新技术产业园区	四川	成都	104.05	30.73
武汉东湖新技术开发区	湖北	武汉	114.41	30.50
盘锦高新技术产业开发区	辽宁	盘锦	122.06	41.13
新昌高新技术产业园区	浙江	绍兴	120.83	29.51
山东日照高新技术产业开发区	山东	日照	119.50	35.41
安阳高新技术产业开发区	河南	安阳	114.34	36.10
白银高新技术产业开发区	甘肃	白银	104.20	36.50
蚌埠高新技术产业开发区	安徽	蚌埠	117.32	32.91
北海高新技术产业开发区	广西	北海	109.11	21.47
本溪高新技术产业开发区	辽宁	本溪	123.77	41.32
昌吉高新技术产业开发区	新疆	昌吉	87.07	44.10
承德高新技术产业开发区	河北	承德	117.92	40.98

续表

名称	省份	城市	lon	lat
德州高新技术产业开发区	山东	德州	116.32	37.45
东莞松山湖高新技术产业开发区	广东	东莞	113.92	22.90
阜新高新技术产业开发区	辽宁	阜新	121.65	42.01
衡阳高新技术产业开发区	湖南	衡阳	112.57	26.90
呼和浩特金山高新技术产业开发区	内蒙古	呼和浩特	111.56	40.79
吉安高新技术产业开发区	江西	吉安	114.95	27.03
济宁高新技术产业开发区	山东	济宁	116.59	35.40
嘉兴秀洲高新技术产业开发区	浙江	嘉兴	120.75	30.77
江门高新技术产业开发区	广东	江门	113.07	22.57
江阴高新技术产业开发区	江苏	无锡	120.30	31.83
锦州高新技术产业开发区	辽宁	锦州	121.12	41.09
景德镇高新技术产业开发区	江西	景德镇	117.17	29.30
昆山高新技术产业开发区	江苏	苏州	120.95	31.33
乐山高新技术产业开发区	四川	乐山	103.75	29.60
连云港高新技术产业开发区	江苏	连云港	119.16	34.60
辽阳高新技术产业开发区	辽宁	辽阳	123.16	41.27
临沂高新技术产业开发区	山东	临沂	118.26	34.99
柳州高新技术产业开发区	广西	柳州	109.42	24.34
南阳高新技术产业开发区	河南	南阳	112.53	33.01
宁波高新技术产业开发区	浙江	宁波	121.57	29.88
平顶山高新技术产业开发区	河南	平顶山	113.40	33.73
莆田高新技术产业开发区	福建	莆田	119.15	25.47
齐齐哈尔高新技术产业开发区	黑龙江	齐齐哈尔	123.94	47.31
衢州高新技术产业开发区	浙江	衢州	118.86	28.95

续表

名称	省份	城市	lon	lat
泉州高新技术产业开发区	福建	泉州	118.59	24.90
三明高新技术产业开发区	福建	三明	117.63	26.27
汕头高新技术产业开发区	广东	汕头	116.71	23.39
上海紫竹高新技术产业开发区	上海	上海	121.48	31.25
宿迁高新技术产业开发区	江苏	宿迁	118.28	33.95
泰安高新技术产业开发区	山东	泰安	117.08	36.18
唐山高新技术产业开发区	河北	唐山	118.17	39.64
通化医药高新技术产业开发区	吉林	通化	125.93	41.73
渭南高新技术产业开发区	陕西	渭南	109.47	34.50
芜湖高新技术产业开发区	安徽	芜湖	118.36	31.23
武进高新技术产业开发区	江苏	常州	119.93	31.67
咸阳高新技术产业开发区	陕西	咸阳	108.70	34.34
湘潭高新技术产业开发区	湖南	湘潭	112.92	27.83
萧山临江高新技术产业开发区	浙江	杭州	120.38	30.17
新乡高新技术产业开发区	河南	新乡	113.88	35.28
烟台高新技术产业开发区	山东	烟台	121.30	37.53
延吉高新技术产业开发区	吉林	延边	129.46	43.05
盐城高新技术产业开发区	江苏	盐城	120.14	33.37
燕郊高新技术产业开发区	河北	廊坊	116.88	39.95
扬州高新技术产业开发区	江苏	扬州	119.42	32.40
益阳高新技术产业开发区	湖南	益阳	112.35	28.59
营口高新技术产业开发区	辽宁	营口	122.22	40.66
玉溪高新技术产业开发区	云南	玉溪	102.54	24.37
源城高新技术产业开发区	广东	河源	114.64	23.69

续表

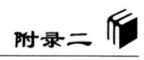

名称	省份	城市	lon	lat
枣庄高新技术产业开发区	山东	枣庄	117.27	34.80
长春净月高新技术产业开发区	吉林	长春	125.24	43.82
长治高新技术产业开发区	山西	长治	113.11	36.20
肇庆高新技术产业开发区	广东	肇庆	112.81	23.30
自贡高新技术产业开发区	四川	自贡	104.77	29.36
安康高新技术产业开发区	陕西	安康	108.99	32.72
安顺高新技术产业开发区	贵州	安顺	105.92	26.23
璧山高新技术产业开发区	重庆	重庆	106.20	29.58
常德高新技术产业开发区	湖南	常德	111.64	29.01
常熟高新技术产业开发区	江苏	苏州	120.82	31.67
郴州高新技术产业开发区	湖南	郴州	113.03	25.78
德阳高新技术产业开发区	四川	德阳	104.39	31.13
抚州高新技术产业开发区	江西	抚州	116.35	27.95
赣州高新技术产业开发区	江西	赣州	114.92	25.84
湖州莫干山高新技术产业开发区	浙江	湖州	119.87	30.61
淮安高新技术产业开发区	江苏	淮安	119.30	33.52
黄冈高新技术产业开发区	湖北	黄冈	114.89	30.44
焦作高新技术产业开发区	河南	焦作	113.25	35.19
荆门高新技术产业开发区	湖北	荆门	112.18	30.93
荆州高新技术产业园区	湖北	荆州	112.27	30.31
莱芜高新技术产业开发区	山东	济南	117.71	36.20
泸州高新技术产业开发区	四川	泸州	105.43	28.89
马鞍山慈湖高新技术产业开发区	安徽	马鞍山	118.52	31.75
南通高新技术产业开发区	江苏	南通	120.86	32.01

续表

名称	省份	城市	lon	lat
内江高新技术产业开发区	四川	内江	105.06	29.60
攀枝花钒钛高新技术产业开发区	四川	攀枝花	101.71	26.58
青海高新技术产业开发区	青海	西宁	96.20	35.49
清远高新技术产业开发区	广东	清远	113.07	23.63
绍兴高新技术产业开发区	浙江	绍兴	120.58	30.00
随州高新技术产业开发区	湖北	随州	113.37	31.71
泰州医药高新技术产业开发区	江苏	泰州	119.90	32.40
铜陵狮子山高新技术产业开发区	安徽	铜陵	117.88	30.94
温州高新技术产业开发区	浙江	温州	120.68	28.00
仙桃高新技术产业开发区	湖北	仙桃	113.37	30.29
咸宁高新技术产业开发区	湖北	咸宁	114.29	29.88
孝感高新技术产业开发区	湖北	孝感	113.92	30.92
新疆生产建设兵团石河子高新技术产业开发区	新疆	石河子	86.03	44.30
新余高新技术产业开发区	江西	新余	114.94	27.82
徐州高新技术产业开发区	江苏	徐州	117.18	34.27
宜昌高新技术产业开发区	湖北	宜昌	111.33	30.72
银川高新技术产业开发区	宁夏	银川	106.20	38.50
鹰潭高新技术产业开发区	江西	鹰潭	117.02	28.24
榆林高新技术产业开发区	陕西	榆林	109.73	38.27
漳州高新技术产业开发区	福建	漳州	117.66	24.51
镇江高新技术产业开发区	江苏	镇江	119.44	32.20
东营高新技术产业开发区	山东	东营	118.69	37.43
福州高新技术产业开发区	福建	福州	119.32	26.04
广西梧州高新技术产业开发区	广西	梧州	111.29	23.48

续表

名称	省份	城市	lon	lat
上海张江高新技术产业开发区	上海	上海	121.58	31.21
天津滨海高新技术产业开发区	天津	天津	117.20	39.14
襄阳高新技术产业开发区	湖北	襄阳	112.24	32.23
湛江高新技术产业开发区	广东	湛江	110.35	21.25
重庆大足高新技术产业开发区	重庆	重庆	105.75	29.62
重庆荣昌高新技术产业开发区	重庆	重庆	105.51	29.47
重庆铜梁高新技术产业开发区	重庆	重庆	106.02	29.81
重庆潼南高新技术产业开发区	重庆	重庆	105.77	30.11
安徽安庆高新技术产业开发区	安徽	安庆	117.05	30.53
安徽池州高新技术产业开发区	安徽	池州	117.48	30.66
安徽阜阳界首高新技术产业开发区	安徽	阜阳	115.81	32.90
滨州高新技术产业开发区	山东	滨州	117.96	37.40
广东揭阳高新技术产业开发区	广东	揭阳	116.10	23.56
广东茂名高新技术产业开发区	广东	茂名	110.97	21.58
广东阳江高新技术产业开发区	广东	阳江	111.97	21.87
广西百色高新技术产业开发区	广西	百色	108.91	23.55
合肥新站高新技术产业开发区	安徽	合肥	117.37	31.94
河北大厂高新技术产业开发区	河北	廊坊	116.94	39.89
河北衡水高新技术产业开发区	河北	衡水	115.72	37.80
河北冀州高新技术产业开发区	河北	衡水	115.43	37.53
河北京南·固安高新技术产业开发区	河北	廊坊	116.28	39.34
河北景县高新技术产业开发区	河北	衡水	116.19	37.66
河北涿州高新技术产业开发区	河北	保定	115.99	39.48
菏泽高新技术产业开发区	山东	菏泽	115.45	35.26

续表

名称	省份	城市	lon	lat
红安高新技术产业园区	湖北	黄冈	114.62	31.29
湖南汉寿高新技术产业园区	湖南	常德	112.03	28.86
湖南衡阳西渡高新技术产业园区	湖南	衡阳	112.57	26.90
湖南沅江高新技术产业园区	湖南	益阳	112.55	28.97
怀化高新技术产业开发区	湖南	怀化	109.98	27.55
黄石大冶湖高新技术产业园区	湖北	黄石	115.03	30.10
江苏省汾湖高新技术产业开发区	江苏	苏州	119.96	31.85
江苏省扬中高新技术产业开发区	江苏	镇江	119.83	32.19
江西湖口高新技术产业园区	江西	九江	116.28	29.66
江西九江共青城高新技术产业园区	江西	九江	115.81	29.23
江西上饶高新技术产业园区	江西	上饶	117.91	28.44
江西万年高新技术产业园区	江西	上饶	117.00	28.70
江西宜春丰城高新技术产业园区	江西	宜春	115.81	28.11
江西弋阳高新技术产业园区	江西	上饶	117.40	28.45
江西余干高新技术产业园区	江西	上饶	116.61	28.68
涟源高新技术产业开发区	湖南	娄底	111.78	27.74
辽宁葫芦岛高新技术产业开发区	辽宁	葫芦岛	120.79	40.73
南海高新技术产业开发区	广东	佛山	113.03	23.08
内蒙古阿拉善高新技术产业开发区	内蒙古	阿拉善	111.56	40.79
内蒙古赤峰高新技术产业开发区	内蒙古	赤峰	111.56	40.79
平江高新技术产业园区	湖南	岳阳	120.62	31.33
潜江高新技术产业园区	湖北	潜江	112.76	30.34
韶关高新技术产业开发区	广东	韶关	113.58	24.80
顺德高新技术产业开发区	广东	佛山	113.18	22.85

续表

名称	省份	城市	lon	lat
四川资阳高新技术产业园区	四川	资阳	104.62	30.07
湘阴高新技术产业园区	湖南	岳阳	112.79	28.71
宜都高新技术产业园区	湖北	宜昌	111.36	30.29
重庆永川高新技术产业开发区	重庆	重庆	105.87	29.29
黄河三角洲农业高新技术产业示范区	山东	东营	120.40	36.06
石嘴山高新技术产业开发区	宁夏	石嘴山	106.37	39.01
河北迁安高新技术产业开发区	河北	唐山	118.74	40.02
河北邢台滏阳高新技术产业开发区	河北	邢台	114.51	37.06
河北张家口高新技术产业开发区	河北	张家口	114.88	40.80
河北承德县高新技术产业开发区	河北	承德	118.11	40.97
河北滦平高新技术产业开发区	河北	承德	117.36	40.92
河北沧州高新技术产业开发区	河北	沧州	116.85	38.29
河北廊坊高新技术产业开发区	河北	廊坊	116.69	39.51
河北安平高新技术产业开发区	河北	衡水	115.48	38.24
抚顺高新技术产业开发区	辽宁	抚顺	123.92	41.87
铁岭高新技术产业开发区	辽宁	铁岭	123.61	42.11
绥中高新技术产业开发区	辽宁	葫芦岛	120.01	40.30
佳木斯高新技术产业开发区	黑龙江	佳木斯	130.27	46.81
牡丹江高新技术产业开发区	黑龙江	牡丹江	129.59	44.58
张江高新区徐汇园	上海	上海	121.44	31.17
张江高新区长宁园	上海	上海	106.48	29.53
张江高新区静安园	上海	上海	106.48	29.53
张江高新区杨浦园	上海	上海	121.52	31.30
张江高新区闵行园	上海	上海	121.58	31.21

续表

名称	省份	城市	lon	lat
张江高新区嘉定园	上海	上海	121.23	31.36
张江高新区金桥园	上海	上海	116.54	39.75
张江高新区核心园	上海	上海	116.48	39.98
张江高新区金山园	上海	上海	106.48	29.53
张江高新区青浦园	上海	上海	121.08	31.13
江苏省南京白马高新技术产业开发区	江苏	南京	118.61	32.07
江苏省锡沂高新技术产业开发区	江苏	徐州	119.96	31.85
江苏省邳州高新技术产业开发区	江苏	徐州	117.89	34.40
江苏省中关村高新技术产业开发区	江苏	常州	119.96	31.85
江苏省相城高新技术产业开发区	江苏	苏州	120.64	31.45
江苏省张家港高新技术产业开发区	江苏	苏州	120.62	31.90
江苏省东海高新技术产业开发区	江苏	连云港	118.78	34.55
江苏省盐南高新技术产业开发区	江苏	盐城	119.96	31.85
永康现代农业装备高新技术产业园区	浙江	金华	120.10	28.94
河北正定高新技术产业开发区	河北	石家庄	114.56	38.22
河北唐山开平高新技术产业开发区	河北	唐山	118.25	39.68
河北平乡高新技术产业开发区	河北	邢台	114.43	38.02
河北威县高新技术产业开发区	河北	邢台	115.37	37.07
元宝山高新技术产业开发区	内蒙古	赤峰	119.26	42.18
朝阳高新技术产业开发区	辽宁	朝阳	125.24	43.82
张江高新区黄浦园	上海	上海	121.49	31.22
张江高新区闸北园	上海	上海	121.45	31.28
张江高新区普陀园	上海	上海	106.48	29.53
张江高新区虹口园	上海	上海	121.48	31.28

续表

名称	省份	城市	lon	lat
张江高新区奉贤园	上海	上海	121.55	30.91
张江高新区崇明园	上海	上海	121.58	31.21
江苏省高淳高新技术产业开发区	江苏	南京	118.95	31.36
江苏省太仓高新技术产业开发区	江苏	苏州	121.15	31.57
江苏省南通市北高新技术产业开发区	江苏	南通	120.86	32.01
江苏省海安高新技术产业开发区	江苏	南通	120.46	32.55
江苏省如皋高新技术产业开发区	江苏	南通	120.57	32.27
江苏省盐城环保高新技术产业开发区	江苏	盐城	120.14	33.37
江苏省建湖高新技术产业开发区	江苏	盐城	119.83	33.48
江苏省杭集高新技术产业开发区	江苏	扬州	119.96	31.85
江苏省丹阳高新技术产业开发区	江苏	镇江	119.63	31.96
安徽淮南高新技术产业开发区	安徽	淮南	117.01	32.64
安徽博望高新技术产业开发区	安徽	马鞍山	118.86	31.58
聊城高新技术产业开发区	山东	聊城	115.97	36.45
郑州金水高新技术产业开发区	河南	郑州	113.70	34.79
宝丰高新技术产业开发区	河南	平顶山	113.02	33.91
孟州高新技术产业开发区	河南	焦作	112.76	34.92
许昌高新技术产业开发区	河南	许昌	113.82	34.02
三门峡高新技术产业开发区	河南	三门峡	111.17	34.78
宛西高新技术产业开发区	河南	南阳	111.50	33.34
民权高新技术产业开发区	河南	商丘	115.17	34.69
柘城高新技术产业开发区	河南	商丘	115.30	34.11
信阳高新技术产业开发区	河南	信阳	114.07	32.12
宁乡高新技术产业园区	湖南	长沙	112.33	28.18

续表

名称	省份	城市	lon	lat
浏阳高新技术产业开发区	湖南	长沙	113.71	28.23
韶山高新技术产业开发区	湖南	湘潭	112.52	27.92
岳阳临港高新技术产业开发区	湖南	岳阳	113.13	29.37
岳阳高新技术产业园区	湖南	岳阳	113.13	29.37
津市高新技术产业开发区	湖南	常德	111.89	29.47
泸溪高新技术产业开发区	湖南	湘西	109.99	28.16
云浮高新技术产业开发区	广东	云浮	112.04	22.93
广西柳州河西高新技术产业开发区	广西	柳州	109.41	24.33
四川攀枝花东区高新技术产业园区	四川	攀枝花	101.71	26.58
四川中江高新技术产业园区	四川	德阳	102.89	30.36
四川南充潆华高新技术产业园区	四川	南充	106.10	30.80
四川宜宾高新技术产业园区	四川	宜宾	104.37	28.90
四川邻水高新技术产业园区	四川	广安	106.99	30.26
遵义高新技术产业开发区	贵州	遵义	106.92	27.70
金山高新技术产业经济区	云南	丽江	121.24	30.83
拉萨高新技术产业开发区	西藏	拉萨	91.10	29.66
西藏那曲高新技术产业开发区	西藏	那曲	92.04	31.47
凤翔高新技术产业开发区	陕西	宝鸡	107.43	34.57
三原高新技术产业开发区	陕西	咸阳	108.97	34.70
蒲城高新技术产业开发区	陕西	渭南	109.62	34.96
富平高新技术产业开发区	陕西	渭南	109.22	34.87
延安高新技术产业开发区	陕西	延安	109.49	36.60
旬阳高新技术产业开发区	陕西	安康	109.41	32.90
克拉玛依高新技术产业开发区	新疆	克拉玛依	84.92	45.20

续表

名称	省份	城市	lon	lat
哈密高新技术产业开发区	新疆	哈密	93.52	42.34
轮台高新技术产业开发区	新疆	巴音郭楞	84.57	41.81
疏勒高新技术产业开发区	新疆	喀什	76.36	39.18
鄂尔多斯高新技术产业开发区	内蒙古	鄂尔多斯	109.98	39.81
龙岩高新技术产业开发区	福建	龙岩	117.01	25.08
海口高新技术产业开发区	福建	海口	110.25	20.00